Alphütten und Berggasthöfe im Allgäu

von Peter Nowotny

AVA
VERLAG ALLGÄU

Schöne Wanderungen – gute Einkehr

Liebe Wander- und Einkehrfreunde!

Wenn Sie im Allgäu Urlaub machen und ein Wanderziel suchen oder als Einheimischer eine Tour unternehmen wollen, so gibt es hierzu viele, viele Möglichkeiten. Oft fällt die Entscheidung schwer: soll man spazieren gehen, eine Wandertour unternehmen, eine Bergtour machen oder gar einen Gipfel besteigen? Die Antwort darauf muss jeder selbst finden, vor allem auch, wenn er an seine Begleiter denkt. Ist es die Familie mit Kindern, sind es Erwachsene mit mäßiger Bergkenntnis oder Kameraden, mit denen man schon mal einen Gipfel ersteigen kann? Viele Führer in Allgäuer Verlagen und Buchhandlungen geben Tipps in jeder Richtung, eine Entscheidung aber können auch sie nicht abnehmen.

Der vorliegende Führer „Alphütten und Berggasthöfe im Allgäu. Schöne Wanderungen - gute Einkehr" hat sich jene Gruppe von Wanderfreunden zum Ziel genommen, die gerne in die Natur gehen, auch mal auf einen leichteren Berg steigen, aber dazu ihre Familie mitnehmen wollen. Leichte Wanderungen, gern auch mit dem Nachwuchs, können Sie sich aus dem vorliegenden Führer heraussuchen. Die Auswahl an Alphütten und Berggasthöfen ist aus einer großen Vielzahl ohne Anspruch auf Vollzähligkeit oder Qualität gegenüber den nichterwähnten Hütten und Häusern erfolgt. Verlag und Autor achteten hauptsächlich darauf, dass eine möglichst große Fläche des Allgäus, sowie das Kleinwalsertal und Tannheimer Tal einbezogen wurden. Bei einer möglichen Neuauflage werden mit

Sicherheit weitere Hütten und Gasthöfe aufgenommen werden, so sie dies wünschen.

Der Führer ist bei allen Alphütten und Berggasthöfen nach dem gleichen Schema aufgebaut, so dass er übersichtlich erscheint und einige Vergleiche untereinander zulässt: Wie hoch liegen die Ziele? Welche Fußmärsche sind notwendig? Kann man mit einer Seil- oder Sesselbahn in die Nähe kommen? Entsprechend gibt es gleich große Fotos der Hütte/des Gasthofes und einen Kartenausschnitt über die Lage. Wer nicht nur bis zur Hütte wandern will, sondern weitere Ziele sucht, dem sind genügend Angebote unter „Tourenmöglichkeiten ab der Hütte“ gemacht. Die übersichtlichen Zumstein Wanderkarten des AVA Verlages decken die angesprochenen Wandergebiete voll ab und sollten in keinem Rucksack fehlen.

Sie werden verstehen, dass Verlag und Autor keinerlei Verantwortung für die gemachten Routenvorschläge übernehmen können, sondern jeder selbst für ihre Durchführung verantwortlich ist.
Wir wünschen Ihnen nun viel Freude, Unterhaltung und Erholung beim Wandern und beim Einkehren auf Allgäuer Alphütten und Berggasthöfen !

Herzlichst Ihr Autor

Peter Nowotny, Rettenberg

Inhaltsverzeichnis der Hütten und

1. Alpenwildpark & Sturmannshöhle

Allgemeines: Berghof Schwarzenberg Wildpark, 25 Wildarten, zahmes Füchsle. Führungen: Mo, Mi, Fr, Sa je 17.45 Sturmannshöhle einzig begehbare Höhle im Allgäu, stündliche Führungen, voll ausgeleuchtet, 180 gesicherte Stufen. Beides Allgäuer Attraktionen!

Lage der Hütte: Südlich von Obermaiselstein.

Höhe über Meer: 1020 m Berghof, 980 m Höhle (Eingang)

Gastronomie: Bergstüble, Panoramaterrasse. Deftige Brotzeiten, Sa ab 18 Uhr Grillparty, Wildspezialitäten auf Vorbestellung.

Übernachtung: Landhausstil-Zimmer und Appartements

Öffnungszeiten: Berghof und Wildpark täglich ab 11 Uhr.
2. Nov. bis 20. Dez. nur am Sonntag.
Höhle: Mai-Anfang Nov: täglich ab 9.30, 26.12. bis So nach Ostern: tägl. ab 11 Uhr.

Kontaktadresse: Berghof Schwarzenberg/Alpenwildpark, Familie Lohmüller, Tel. 08326 - 8163, Fax 08326 - 384726;
E-Mail: info@alpenwildpark.de,
Internet: www.alpenwildpark.de
Sturmannshöhle Obermaiselstein, Höhlen-Info-Telefon 08326 - 38309. E-Mail: info@obermaiselstein.de; Internet: www.sturmannshoehle.de

Weg zur Hütte: Zum Berghof: Von Obermaiselstein über Königsweg, Beschilderung: Wildpark. Zur Höhle ab Parkplatz Hirschsprung am Sagenweg in 30 Min. Weiter zum Alpenwildpark in 20 Min. Oder ab Parkplatz „Haus des Gastes".

Wanderkarten: Zumstein Wanderkarte Nr. 4 f „Fischen"
M 1 : 30 000, AVA Verlag Allgäu Kempten

Tourenmöglichkeiten:

- Rundwanderung vom Parkplatz Hirschsprung über den neuen Sagenweg zur Sturmannshöhle, Besuch dieser einmaligen Naturattraktion, weiter zum Alpenwildpark,Beobachtungen, und Erleben der Tiere, anschließend Einkehr. Danach über Haubenegg nach Obermaiselstein und am Minigolfplatz vorbei zum Parkplatz. Mit allen Attraktionen kleine Tagestour. Sehr lohnend, vor allem auch - aber nicht nur - für Kinder!
- Nach Obermaiselstein über den Herrenberg. 30 Min.

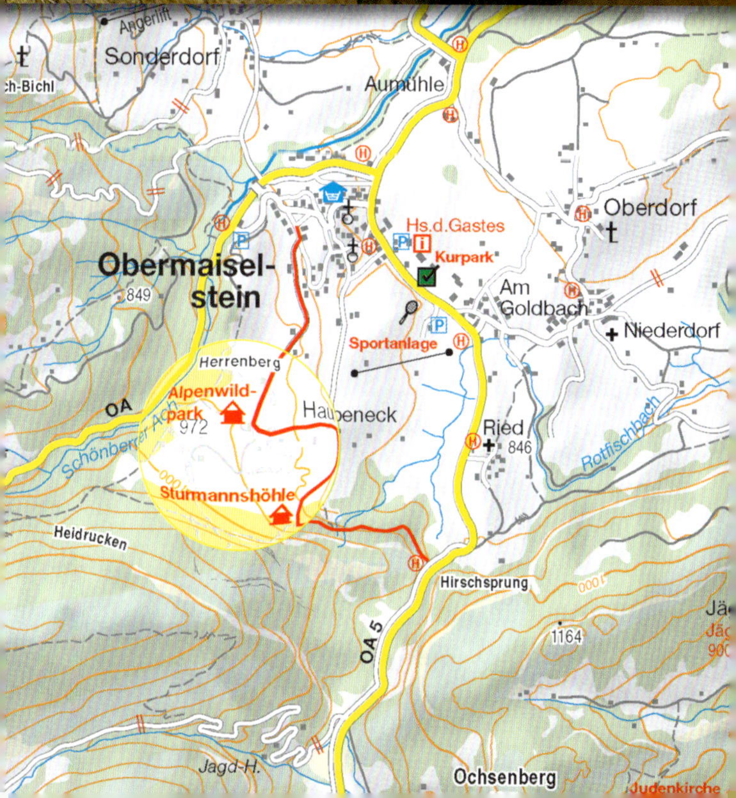

Angerlift
Sonderdorf
ch-Bichl
Aumühle
Oberdorf
Hs.d.Gastes
Kurpark
Obermaisel-
stein
849
Am
Goldbach
Niederdorf
Sportanlage
Herrenberg
Alpenwild-
park
972
Haubeneck
Ried
846
OA
Schönberger Ach
Rotfischbach
Sturmannshöhle
Heidrucken
Hirschsprung
1000
1164
OA 5
Jagd-H.
Ochsenberg
Judenkirche

2. Ruine Alt-Trauchburg mit Burg

Allgemeines: Ab 1986 von der Gemeinde Weitnau liebevoll restaurierte, gut erhaltene Burgruine mit anliegender uriger Gaststätte mitten in der Erholungsregion Weitnau/Wengen. Beliebtes, lohnendes Wanderziel. Burganlage um 1200. Jährliches Burgfest.

Lage der Ruine: Am Nordwesthang des Sonnecks zwischen Weitnau und Kleinweiler.

Höhe über Meer: 900 m

Gastronomie: Rustikale Gaststube, großer, schöner Biergarten. Kleine warme Mahlzeiten, warme Seelen, gute Suppen, zünftige Brotzeiten, eigener Beerenwein, hausgemachter Kuchen.

Übernachtung: Keine

Öffnungszeiten: Gaststätte: April-Ende Oktober, werktags ab 11 Uhr, Sonntags ab 10 Uhr, Mittwoch Ruhetag.
Burg: Jederzeit zugänglich, Eintritt frei,
Führungen 1 €, Info: Tel.08375 - 920223

Kontaktadresse: Gaststätte: Frau Brigitte Baatz, Buchenberg.
Tel. 08375 - 8046; Mobil: 0173 - 8974426.
Burg: Tourismusbüro Weitnau, Tel. 08375 - 920241;
Fax 08375 - 9202641; Internt: www.weitnau.de

Weg zur Hütte: Mit PKW östlich von Nellenbruck (alte B 12) beschilderte Abzweigung, Parkplatz unweit der Burg. Wanderungen von Weitnau, Kleinweiler od Klausenmühle jeweils ausgeschildert, ca. 1 bis 1 ½ Std.

Wanderkarten: Wanderkarte Weitnau/Wengen -Missen/Wilhams, M 1 : 25 000, erhältlich beim Tourismusbüro Weitnau, Hoheneggerstraße 25, 87480 Weitnau

Tourenmöglichkeiten ab Ruine:

- Rundwanderung über den Sonneckgrat - Schutzhütte - Weggabelung Engelhirsch/Wengen - kurzer nördlicher Abstieg und links über den Steinwandweg zurück. Leicht, herrliche Aussicht vom Grat, 2 ½ - 3 Std.
- Über den Hofener Berg nach Klausenmühle - Kirchweg - Hofen - Kleinweiler - Bauhof - Waldlehrpfad und zurück. 2 bis 2 ½ Std.
- Wenn PKW in Weitnau geparkt: Aufstieg Sonneckgrat - Alt-Trauchburg - Almosenholz - Diethen - Weitnau. Schöne Rundwanderung, leicht, 2 Std.

gaststätte

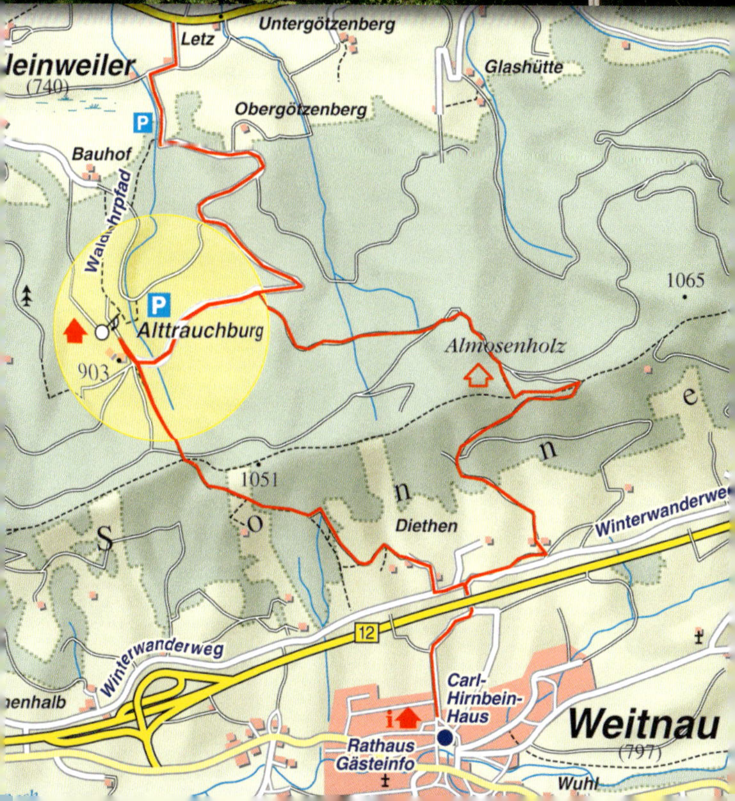
Untergötzenberg
Letz
leinweiler
(740)
Glashütte
Obergötzenberg
P
Bauhof
Waldlehrpfad
P
Alttrauchburg
903
1065
Almosenholz
1051
Diethen
Winterwanderweg
12
Winterwanderweg
enhalb
Carl-
Hirnbein-
Haus
Weitnau
(797)
Rathaus
Gästeinfo
Wuhl

3. Bad Kissinger Hütte

Allgemeines:	Hütte des Deutschen Alpenvereins Sektion Bad Kissingen in herausragender Aussichtslage, Ausgangs- und Zielpunkt von beliebten Berg- und Wandertouren. Unschwieriger Zugang.
Lage der Hütte:	Am Aggenstein, Tannheimer Tal.
Höhe über Meer:	1792 m
Gastronomie:	Gemütliche Gaststube und Sonnenterrasse. Voll bewirtschaftete Hütte, Bergsteigeressen, verschiedene Getränke.
Übernachtung:	65 Lager, davon 4 Zweierlager, Rest mit 6 - 22 Lagern. Winterraum vorhanden.
Öffnungszeiten:	Mitte Mai bis Ende Oktober. Winterraum Ende Oktober bis Anfang Mai.
Kontaktadresse:	Hüttenwirtin Andrea Walch, A-6673 Grän, Tel. 0043 676 - 373 11 66 (Hütte); Tel. und Fax im Tal: 0043 5677 - 20088
Weg zur Hütte:	Direkt von Enge (1144 m) über beschilderten Weg. 2 Std., leichtester Anstieg. Ab Bergstation Breitenbergbahn 2 Std. Von Pfronten-Steinach durch Reichenbachklamm 3 Std. Vom Füssener Jöchle 1 ½ bis 2 Std.
Wanderkarten:	Zumstein Wanderkarte Nr. 7, „Tannheimer Tal", M 1 : 25 000, AVA Verlag Allgäu Kempten

Tourenmöglichkeiten ab Hütte:

- Auf den Aggenstein (1987 m), mittelschwer. 40 Minuten. Beste Aussicht!
- Über den Gräner Höhenweg zum Füssener Jöchle (1821 m), unschwer, 2 Std.; Bei Mitnahme der Sefenspitze (1950 m) + 30 Min.
- Zum Vilser Jöchle (1700 m) mit Abstieg über die Vilser Alpe (1224 m) nach Vils (unschwer, aber lang, 4 ½ Std.)
- Auf das Brentenjoch (2001 m): Aufstieg über Vilser Jöchle, Abstieg westseitiger Latschenhangweg (3 Std. unschwer)
- Übergang zur Breitenbergbahn (1500 m) 1 ¼ Std. Unschwer.

Seekopf
1390
Aggenstein
1986
1950
1504
Grenz-H.
Bad-Kissinger-Hütte
1788
1821
1750
Seewald
1500
Aggenstein-
wiesen
Seebach
Seichenkopf
1880
Rappenschrofen
1551
1250
Enge
Moos
Hinteregg
Lumberg
Jagdhütte
Neu-Grän
Logb.

4. Bärgunthütte

Allgemeines:	Größte Alpe des Kleinwalsertales, ab Baad leicht zu erreichen. Römische Münzfunde deuten auf vorgermanische Ansiedlung.Schönes und allseits beliebtes Ausflugsziel.
Lage der Hütte:	Im Bärgunttal südlich von Baad
Höhe über Meer:	1391 m
Gastronomie:	Gemütliche Gaststube, Sonnenterrasse. Kleine warme Speisen, Brotzeit, Getränke. Viel gute Laune und Spaß.
Übernachtung:	Keine
Öffnungszeiten:	Von Christi Himmelfahrt bis Ende Oktober und vom 20. Dezember bis Weißen Sonntag.
Kontaktadresse:	Frau Sabine Ott, A - 6993 Baad 13; Tel. 0043 5517 - 6704 und 0043 (0)664 311 - 0453; E-Mail: sabine.ott@aon.at
Weg zur Hütte:	Von Baad (1244 m) südlich in das Bärgunttal, die Alpe liegt rechts oberhalb des Hauptweges, 1 Std. Durch das Gemsteltal und über den Hochalp-Paß oder auch vom Tannberg-Paß über den Hochalp-Paß. Mittelschwer. Lang.
Wanderkarten:	Zumstein Wanderkarte Nr. 5, „Kleinwalsertal" M 1 : 25 000, AVA Verlag Allgäu Kempten

Tourenmöglichkeiten ab Hütte:

- Abstieg nach Baad über den östlich des Bärguntbaches gelegenen Weg, der bei der Äußeren Widdersteinalpe wieder auf den westlichen Weg stößt. 50 Min.
- Aufstieg zum Hochalppaß (1938 m) und weiter zur Höferspitze (2131 m), schöne Aussicht, mittelschwer, 2 ¼ Std.
- Über den Hochalppaß zur Widderstein Hütte (2015 m) und Abstieg durch das Gemsteltal nach Bödmen. Schöne, aber sehr weite, anstrengende, mittelschwere Tour (5 ½ bis 6 Std.). Auch umgekehrt als Zugang machbar. Unterwegs Möglichkeit zur Besteigung des Widderstein (2533 m), schwierig, zusätzlicher Zeitaufwand für Auf- und Abstieg 2 ½ Std.
- Über die Stierlochalpe zum Üntschenpaß (1854 m) 1 ¼ Std. Schwer.

Bärgund-Hütte
1408 m

1571
Hehnen-A.
Erlenboden
Dura-A.
Starzelhaus
Alpenwald
1250
Weg im Winter
in der Galerie
Vorderboden
Äußere Dura-A.
Starzelweg
Am Höhenweg
Baad
1244
Gemstel-
boden
Vorderboden
Untere
Spital-A.
Breitach
Sattel-A.
Untere
Derra-H.
Guntschaulift
Züg-A.
Äußere
Widderstein-A.
1289
1500
Bärenweide-A.
1750
Egg-A.
Bärgunttal
Bärenkopf
2083
Innere
Widderstein-A.
1376
Jagd-H.
Feuersteinm
Bärgunbach
2000
Bernha
Kiechele
1391
Kleiner Widderstein
Bärgunthütte
2236
Jagd-H.
Karlstor

5. Alpe Beichelstein

Allgemeines: Gut zu erreichende Alpe mit herrlicher Aussicht in die Ostallgäuer Alpen, Fahrweg bis zur Hütte, schöne Wandermöglichkeiten.

Lage der Hütte: An der Senkelehöhe zwischen Seeg und Hopferau (Ostallgäu)

Höhe über Meer: 950 m

Gastronomie: Gemütlicher Gastraum, sonnige Aussichtsterrasse. Kleine warme Küche, zünftige Brotzeiten, Getränke, Kaffee und hausgemachte Kuchen.

Übernachtung: Keine

Öffnungszeiten: Ganzjährig geöffnet, täglich 11.⁰⁰ - 23.⁰⁰ Uhr; Donnerstag Ruhetag; Kein Ruhetag: vom 1.5. bis 30.10.; Geschlossen vom 1.12. bis 24. 12.

Kontaktadresse: Brigitte Köpf, Alpe Beichelstein 1, 87637 Seeg, Tel.: 08364 - 397; Fax: 08364 - 986120; E-Mail: info@alpe-beichelstein.de

Weg zur Hütte: Von Hopferau nach Unterlangegg, 500 m westlich davon beschilderte Abzweigung nach rechts. Von Seeg (Beschilderung) südl. über Gsöllen Richtung Unterlangegg, 500 m vorher Abzweig nach links.

Wanderkarten: Zumstein Wanderkarte Nr. 1 „Füssen" M 1: 30 000, AVA Verlag Allgäu, Kempten

Tourenmöglichkeiten ab Hütte:

- Jeweils leichte Wanderungen: Zu Fuß nach Unterlangegg (Parkplatz bei Fußwanderung) in 30 Minuten
- Westlich über Goimenen nach Brandstatt, weiter über Rossfallen zur Straßengabelung bei P 823, hier östlich abbiegen Richtung Senkelekopf und über Senkele zurück nach Beichelstein (2 ½ Std.)
- Über Senkele und Oberlangegg zurück nach Beichelstein (1Std.)
- Über den Senkelekopf (1047 m) zum Naturpfad Senkele (1 Std., ohne dortige Rundwanderung)
- Über Unterlangegg durch den Hopferwald zum Hopfensee (2 Std.)

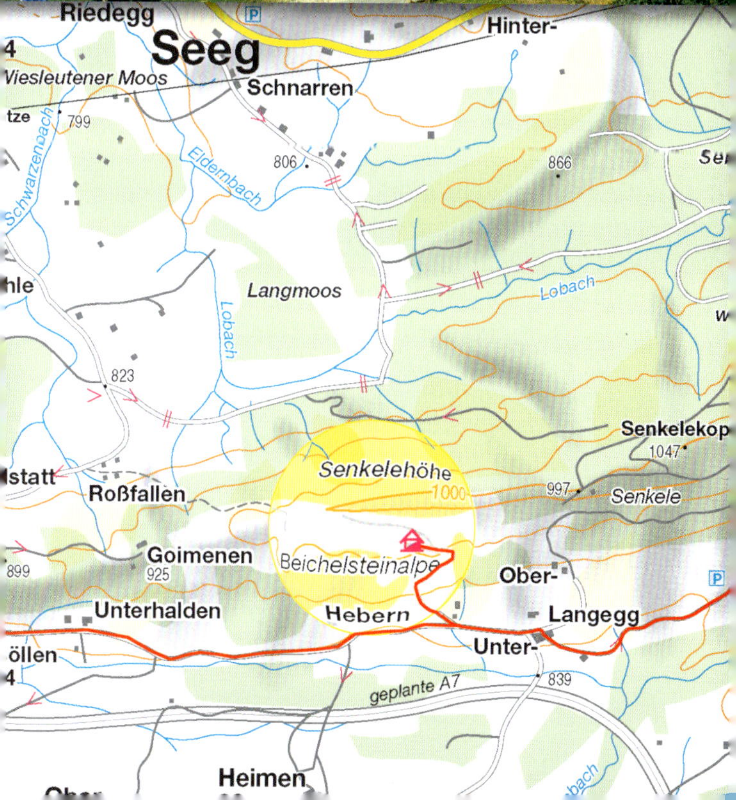
Riedegg
Seeg
Hinter-
Viesleutener Moos
Schnarren
tze
799
806
866
Schwarzenbach
Eldernbach
Langmoos
Lobach
Lobach
hle
823
Senkelekop
1047
Senkelehöhe
1000
997
Senkele
Istatt
Roßfallen
Goimenen
925
899
Beichelsteinalpe
Ober-
Langegg
Unterhalden
Hebern
Unter-
öllen
839
geplante A7
Heimen

6. Berghaus Schwaben

Allgemeines:	In aussichtsreicher Lage inmitten einer großartigen Natur gelegen. Durch die Nähe zur Hörnerbahn leicht erreichbar. Gemütliche Atmosphäre, auch für Betriebsausflüge, Seminare, Feiern etc.
Lage der Hütte:	Oberhalb von Bolsterlang am Südhang des Großen Ochsenkopfes nahe zum Riedberger Horn
Höhe über Meer:	1500 m
Gastronomie:	Gemütliche Gaststube, große Sonnenterrasse. Voll bewirtschaftet. Gern bestellt: Gulasch, hausgemachter Erbseneintopf, Kaffee, Apfelstrudel.
Übernachtung:	Nur mit Halbpension und nach Voranmeldung. 27 Betten in Doppel-, Dreibett- und einem Vierbettzimmer, 2 Matratzenlager mit je 10 Plätzen.
Öffnungszeiten:	Mitte Mai bis Anfang November, und 25. Dezember bis Ostern. Dienstag Ruhetag.
Kontaktadresse:	Berghaus Schwaben, Familie Porda, 87538 Bolsterlang, Tel. 08326 - 438, Fax 08326 - 384860; E-Mail: wilhelm.porda@t-online.de Internet: www.berghaus-schwaben.de
Weg zur Hütte:	Mit der Hörnerbahn zur Bergstation am Horngrat, Wanderung auf befahrbarem, neu gerichtetem Weg zum Berghaus, 45 Min. Übergang von Grasgehren auf leichtem Weg 1 ¼ Std.
Wanderkarten:	Zumstein Wanderkarte „Fischen" M 1 : 30 000, AVA Verlag Allgäu Kempten

Tourenmöglichkeiten ab Berghaus Schwaben:

- Vom Berghaus zum Großen Ochsenkopf (1662 m), unschwer, 35 Min.
- Über den Nordostgrat auf das Riedberger Horn (1787 m) 1 ¼ Std.
- Auf dem Weg nach Grasgehren zum Sattel und über den Ostgrat (Normalweg) zum Riedb. Horn. 1 ½ Std. Unschwer. Weg neu gerichtet.
- Nach Grasgehren über den Sattel (unschwer) 1 ½ Std. Anschluss an Bus.
- Durch das Bolgental nach Bolsterlang zum Parkplatz. Entweder über die Bolgenalpen und Alpe Zunkleiten, Hohen Bichl und Höhenweg oder über die Alpe Hintereck mit Abstieg zur Alpe Zunkleiten (bew.) und weiter wie vorher. 2 bzw. 1 ½ Std. Unschwer.
- Zum Großen Ochsenkopf, weiter zum Weiherkopf (1665 m) und Abstieg zur Bergstation der Hörnerbahn (1 ¼ Std) bzw. Abstieg nach Bolsterlang (Parkplatz) 2 ¼ Std. Unschwer.

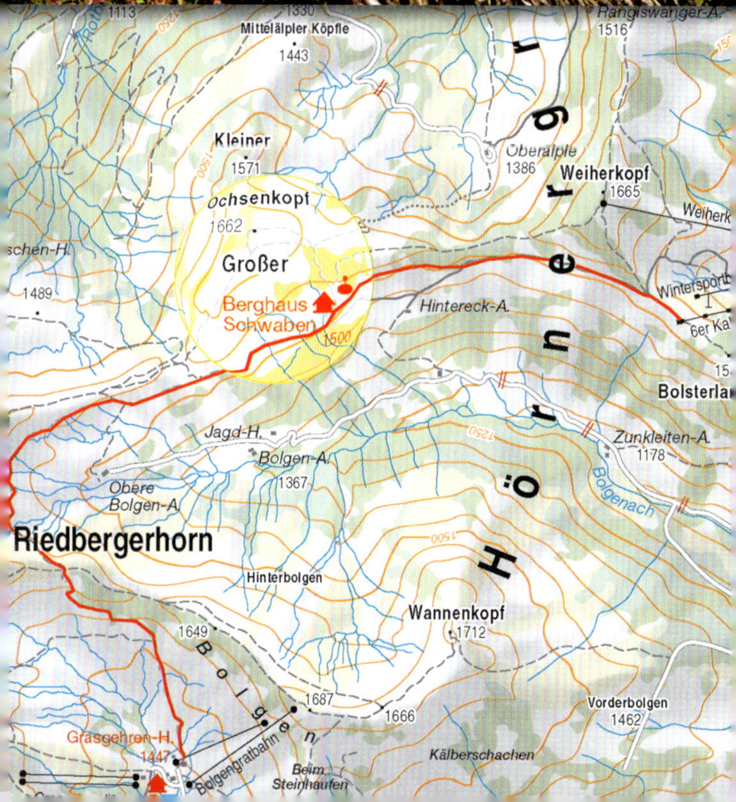

1113
1330
Mittelälpler Köpfle
1443
Rangiswanger-A.
1516
Kleiner
1571
Oberälple
1386
Weiherkopf
1665
Ochsenkopf
1662
Großer
Berghaus
Schwaben
1500
Hintereck-A.
Wintersport
1489
Hörnergr
Bolsterla
Jagd-H.
Bolgen-A.
1367
Zunkleiten-A.
1178
Bolgenach
Obere
Bolgen-A.
Riedbergerhorn
Hinterbolgen
Wannenkopf
1712
1649
Bolgen
1687
1666
Vorderbolgen
1462
Grasgehren-H.
1447
Bolgengratbahn
Kälberschachen
Beim
Steinhaufen

7. Bergstüble Brosis-Elleg

Allgemeines:	Hübsche Einkehr am Schwäbisch-Allgäuer Wanderweg gelegen. Ruhig, schöne Aussicht. Privat bewirtschaftet. Beliebtes Ausflugsziel, leicht zu erreichen, auch für Radler günstig.
Lage der Hütte:	Am Ortsrand von Brosis-Elleg auf dem Ellegger Höhenzug, Gemeinde Rettenberg.
Höhe über Meer:	1077 m
Gastronomie:	Gemütliche Gaststube und südseitige Terrasse. Kleine, zünftige Brotzeiten, Kaffee und hausgemachte Kuchen, Getränke, eigener Hollerlikör. Kässpatzen auf Vorbestellung.
Übernachtung:	Keine
Öffnungszeiten:	Ganzjährig geöffnet von 12.00 bis 20.00 Uhr, Ruhetage: Montag, Dienstag, Mittwoch.
Kontaktadresse:	Waltraud Ettensperger, Brosiselleg 11, 87549 Rettenberg, Tel. und Fax 08365 - 289
Weg zur Hütte:	Von Adelharz- Höhe zwischen Rettenberg und Wertach Straßenabzweigung (Schild); Weitere Zugänge siehe: Tourenmöglichkeiten
Wanderkarten:	Zumstein Wanderkarte Nr. 6 „Immenstadt" M 1 : 30 000, AVA Verlag Allgäu Kempten

Tourenmöglichkeiten ab Hütte:

- Über den aussichtsreichen Ellegger Höhenrücken mit Blick ins Alpenvorland, Kempten, und in die südlich liegenden Berge nach Oberelleg und zurück. (kleine Fahrstraße, aber kaum Verkehr) 2 Std. Leicht. Geeignet für Kinderwagen, Fahrrad.
- Bis Binzeler auf gleicher Straße, dann Abstieg Richtung Wertach zum „Grünen Lehrpfad", queren bis zum Weg nach Gereute, dorthin Aufstieg und Rückkehr zum Bergstüble (2 bis 2 ½ Std.) Leicht.
- Über Bitterlis nach Morgen, östlich queren bis Holz und über Binzeler zurück (200 m Ab-/Aufstieg, leicht,2 Std.).
- Weitere Routen für Biker geeignet.

Elleghöhe
Gerats
Schwanden
1136
Oberelleg
(1093)
Vorder-
Mittel-
Holz
Hinter-
1035
Morgen
936
Untere
Gereute
Batzers
Binzeler
Bitterlis
Wf.
Peterles
1004
1000
chenberg-
Wertach
Markt
994
Bergstüble
Brosisellegg
(1077)
115
Lourdes Grotte
Igelsbach
Obere Mühle
1017
A. Sojersberg
Hühnermoos
1000
cher Starzlach

8. Bodenseehütte

Allgemeines: Im Balderschwanger Ski- und Wandergebiet gelegener, beliebter Berggasthof und Pension mit schöner Aussicht. Erholsame Lage. Leicht zu erreichen.

Lage der Hütte: Westlich von Balderschwang am Südwesthang des Gelbhansekopfes.

Höhe über Meer: 1240 m

Gastronomie: Gemütlicher Gastraum und große Sonnenterrasse. Service Restaurant voll bewirtschaftet. Saisongerechte Küche.

Übernachtung: Zusammen mit dem Hirtenhaus stehen 40 Plätze in 2- und 3-Bettzimmern zur Verfügung. Alle Zimmer sind mit Dusche / WC ausgestattet. Übernachtung mit Frühstücksbuffet.

Öffnungszeiten: Sommersaison Juli bis Oktober Di + Mi Ruhetage

Kontaktadresse: Berggasthof & Pension Bodenseehütte, Haus Nr. 50, 87538 Balderschwang, Tel. 08328 - 1020, Fax 08328 - 307; Internet: www.bodenseehuette.de E-Mail: info@bodenseehuette.de

Weg zur Hütte: Am westlichen Ortsausgang von Balderschwang führt eine Abzweigung von der Hauptstraße zur Bodenseehütte (beschildert).

Wanderkarten: Zumstein Wanderkarte Nr. 4 f „Fischen" M 1 : 30 000, AVA Verlag Allgäu Kempten

Tourenmöglichkeiten ab Hütte:

- Auf den Gelbhansekopf (1487 m) über die Halde hinter der Bodenseehütte, 50 Minuten, leicht.
- Rundwanderung über die Burgl-Hütte auf den Feuerstätter Kopf (1645 m), weiter zum Sättele (1434 m) und Hochschelpen (1552 m) und über den Gelbhansekopf (1487 m) zurück zur Bodenseehütte. Unschwer. 2 ½ bis 3 Std.
- Rundwanderung über die Alpen Seelos-Schelpen und Fuchs-Schelpen. Leicht, 1 ½ bis 2 Std.
- Über die Höfle-Alpe nach Balderschwang. Leicht, 1 Std.

Alle Wanderungen zeichnen sich durch einzigartige Naturerlebnisse aus.

2000-jährige Eibe
Balderschwang
1040
Untere-
1108
Stubenbach
Gschwend
Schelpen-A.
Höfle-A.
Bolgenach
Gelbhansekopflift
Lappach
Lappach-A.
Liechtensteiner H.
Salamöser
Lenzer
Köpfle-A.
1274
Schwarzenberglift
Lenzengraben
Bodensee-H.
1153
Gelbhansekopf
1409
1487
Schwarzenberg
1250
Ob.
Hanseköpfle-A.
Seelos-A.
1379
Fuchs-
Schelpen-A.
1307
Burst-A.
1230
Lappach
Jagd-H.
1426
Fuchs-
Stüble
Hochschelpenlift
Im Schelpen
Tiefgraben
1545
1425

9. Buchelalpe

Allgemeines:	Auch für Familien mit Kinderwagen zu erreichen. Herrliche Panoramaaussicht, beliebtes Wanderziel. Alpenrosenblüte Mitte Mai/Mitte Juni
Lage der Hütte:	Westlich von Unterjoch auf der Südseite des Wertacher Hörnles, oberhalb dem Ortsteil Obergschwend
Höhe über Meer:	1290 m
Gastronomie:	Deftige Suppen, Brotzeit, Getränke, hausgemachter Kuchen, Hefezopf vom Holzbackofen, Speisenkarte im Internet. Käseverkauf.
Übernachtung:	Keine
Öffnungszeiten:	Anfang Mai bis Ende Oktober, Ruhetag Montag. Im Winter Sa und So sowie in Weihnachtsferien und im Fasching geöffnet,
Kontaktadresse:	Martin und Elke Gehring, Sonnenstraße 31, 87541 Unterjoch, Tel. 0171 - 4528000, Fax : 08324 - 973 711, E-Mail: info@buchelalpe.de Internet: www.buchelalpe.de
Weg zur Hütte:	An der Deutschen Alpenstraße in Obergschwend, westlich von Unterjoch, liegt rechts ein Parkplatz. Von hier führt im Wald ein Fahrweg zur Buchelalpe (gesperrt für öffentlichen Verkehr, 40 Min.)
Wanderkarten:	Zumstein Wanderkarte Nr. 2 w, „Wertach“ oder Nr. 3 „Bad Hindelang“ M 1 : 30 000 bzw. 1 : 35 000 AVA Verlag Allgäu Kempten

Tourenmöglichkeiten ab Hütte:

- Zum Wertacher Hörnle (1695 m), ausgeschildert, 1 ¾ Std., Leichte Wanderung zu aussichtsreichem Gipfel.
- Auf den Spießer (1649 m) über die Brentenalpe und den Oberallgäuer Rundwanderweg, 2 Std. Leichte Wanderung, der Gipfel ist besonders lohnend.
- Zur Pfeiffermühle (Busanschluß) über den Starzlachberg, 2 ¼ Std. Leicht, teilweise durch Wald.
- Rundwanderung Wertacher Hörnle - Alpe Schnitzlertal - (Einkehr mögl.) - Buchelalpe, 3 ¼ Std. Leicht. Mehrere Touren für Mountainbiker geeignet, bei Wirtsleuten aktuelle Routen erfragen.

In der Metz
Kalbelalpe
1341
1250
1578
Stier-Alpe
(verfallen)
Hengstberg
Starzlachberg
1583
1129
Untergschwend
1250
Wertach
Schnitzler-
talalpe 1440
1500
Riederberg
1000
Bergwachthaus
1443
1695
988
Hörnle-See
1685
Unterjoch
1013
Buchelalpe
Brentenalpe
Wassertreta
Buchel
1170
Hotzenberg
Steineb
Oberschwend
1225
1043
Girrenbach
Buchelbach
Sonnenhanglift
Hotzenbauer
1250
Weißenbach
In der B
Kleebach
Spieserlifte
Unterm Heigle
Krumbacherberg
Krummenbach
1072
Im weißen Gund
Untere-

10. Buchenberg Alm

Allgemeines: Mitten im Naturschutzgebiet Ammergebirge liegendes, beliebtes und leicht zu erreichendes Ausflugsziel. Auch mit der Doppelsesselbahn anfahrbar. Gut für Tagungen, und Feiern aller Art (eigener Eventplaner). Almfest, Sonnwendfeuer. Großartige Aussicht!

Lage der Hütte: Am Gipfel des Buchenberges oberhalb von Buching (805 m) im Ostallgäu.

Höhe über Meer: 1140 m

Gastronomie: 3 rustikale Gaststuben: Jäger-, Alm- und Zirbelstube. Sonnige Aussichtsterrasse. Voll bewirtschaftet, z.B. Apfelstrudel, Kässpatzen, Almschnitzel, eigener Grillstand. Kuchen. Deftige Brotzeiten, große Getränkeauswahl. Speisenkarte im Internet.

Übernachtung: 3 Mehrbettzimmer (11, 12, 8 Betten), Bäder mit Duschen. Herren und Damen getrennt.

Öffnungszeiten: Ganzjährig. Sommer: 9 bis 18 Uhr, Winter bei Rodelbetrieb bis 22 Uhr.

Kontaktadresse: Jochen Herb, Buchenberg Alm,
Füssenerstraße 19; 87642 Halblech/Buching.
Tel. 08368 - 940763, Fax: 08368 - 940765.
E-Mail: buchenbergalm@aol.com,
Internet: www.buchenberg-alm.de

Weg zur Hütte: Am südlichen Ortsrand von Buching Talstation der Sesselbahn: entweder hochfahren oder zu Fuß auf Fahrstraße in 45 Minuten.

Wanderkarten: Zumstein Wanderkarte Nr. 1h, „Halblech“ M 1 : 30 000; AVA Verlag Allgäu Kempten

Tourenmöglichkeiten ab Hütte:

☺ Alle Wandertouren finden im Naturschutzgebiet statt und erschließen wunderschöne Bergmischwälder, eiszeitliche Moore und eine Vielfalt an Flora u. Fauna. Eine lange, aber sehr schöne, ruhige,erholsame Wanderung führt ohne große Höhenunterschiede von der Buchenberg - Alm über die Ebene - Sattlermooshütte - unter Umgehung des Jagdberges zum Vorderen Mühlberger Älpele und über die Drehhütte (Einkehr mögl.) hinab zur B 17 (Bushaltestelle). Unschwierig, jedoch 3 ½ bis 4 Std. Wanderzeit einplanen. Eine Abkürzung ist südlich des Jagdberges möglich, wo ein Weg rechts hinab führt.

AKTIENBRAUEREI
KAUFBEUREN

Bruckschmid
B 17
Sennalpe
(Dümpftenalp)
Wildfütterung
Görgeleck
1429
1421
Wieskreuz
Mühlschartenkopf
1308
Halblechtal
Buching
(805)
1386
1380
Bärengraben
Wbh.
Herdweg
Hasenlift
Spielhahnlift Buchenberglift
Bei dem Ahorn
1250
NSG
885
Bärengrabenbrücke
1000
Buchenberg Alm
Buchenberg
Halblech
Rohr
1000
1081
Reiselbergbrücke
Ebene
Sattlermoos
Wasserfilz
992
Tiefenbach
Leiterau
Jagdhütte
1090
Lobentalbach

11. Buronhütte

Allgemeines:	Im Wander- und Skigebiet Reuterwanne gelegene, gemütliche und beliebte Hütte, Rast- und Ausgangsstation für Wanderer, unschwer zu erreichen. Gut für Feste, Betriebs- und Familienfeiern.
Lage der Hütte:	Oberhalb des Grüntensees zwischen Wertach und Nesselwang
Höhe über Meer:	1250 m
Gastronomie:	Gemütliche Stube, große Sonnenterrasse, voll bewirtschaftet, zünftige Brotzeiten, verschiedene Getränke, Kaffee, hausgemachte Kuchen,
Übernachtung:	Möglich bis zu 25 Personen. 2- und 4-Bett-Zimmer mit fließendem Wasser. Gemeinschaftliche Duschen, Toiletten. Keine Selbstversorgung.
Öffnungszeiten:	Ganzjährig. Im Sommer Dienstag Ruhetag.
Kontaktadresse:	Familie Wagner, Buronhütte 1, 87497 Wertach, Tel. 08365 - 290; Fax 08365 - 1234 E-Mail: buronhuette@aol.com Internet: www.buronhuette.de
Weg zur Hütte:	Von der Kreisstraße OA 8 Wertach-Nesselwang Abzweig und Auffahrt nach Hinterreute (969 m), hier Parkplatz. Auf beschildertem Weg zur Buronhütte (1 Std.)
Wanderkarten:	Zumstein Wanderkarte Nr. 2 w, „Wertach“ M 1 : 30 000, AVA Verlag Allgäu Kempten

Tourenmöglichkeiten ab Hütte:

- Auf die Reuterwanne (1541 m), aussichtsreich,unschwer, 1 Std.
- Rundweg über Alpe Untere Reuterwanne und Vorderreute nach Hinterreute und zurück zur Buronhütte, unschwer, 2 ½ - 3 Std.
- Nach Jungholz (1124 m, Tirol) über Stubentalalpe u. Langenschwand, unschwer, 2 Std. Oder über „In der Bräme“ und Gießenschwand, 1 ¾ Std.
- Abstieg nach Wertach: über Hinterreute zur Kapelle „St. Sebastian“ (sehenswert!) und weiter nach Wertach (915 m) 1 ½ Std.
- Abstieg zum Grüntensee (50 Min.), Wanderung am See entlang.

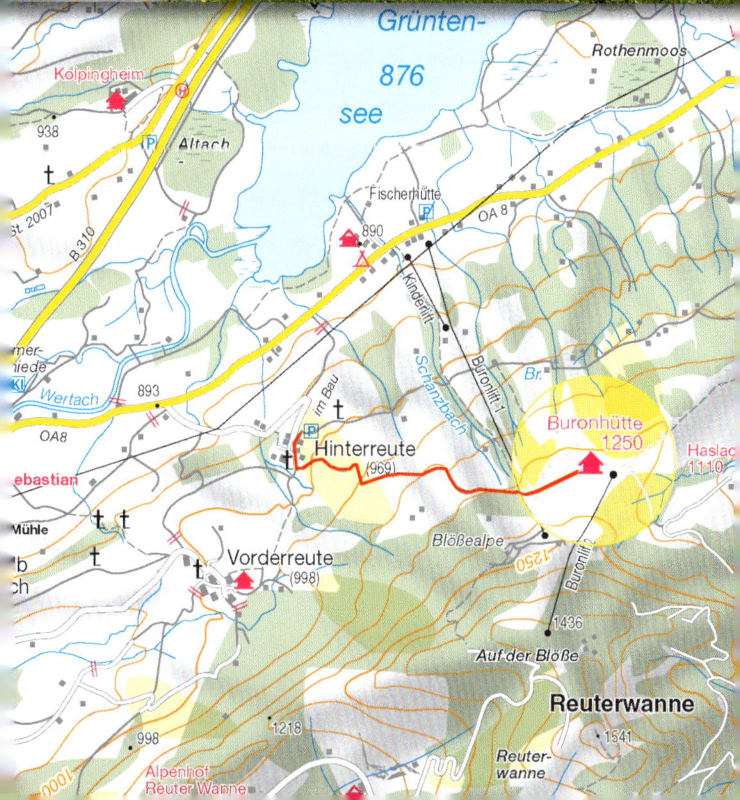

Grünten-
876
see
Rothenmoos
Kolpingheim
938
Altach
St. 2007
B 310
Fischerhütte
890
OA 8
Kinderlift
Schanzbach
Buronlift 1
Br.
Wertach
893
OA8
im Bau
Hinterreute
(969)
Buronhütte
1250
Haslac
1110
ebastian
Mühle
Vorderreute
(998)
Blößealpe
1250
Buronlift 2
1436
Auf der Blöße
Reuterwanne
1218
998
1541
Reuter-
wanne
Alpenhof
Reuter Wanne
1000

12. Alpe Dietersbach

Allgemeines: Neue Hütte in schöner Lage am Ende des Dietersbachtales, Naturschutzgebiet, leicht zu erreichen, gut geeignet für Biker.

Lage der Hütte: Am Südwestfuß der Höfats unter dem Älpelesattel

Höhe über Meer: 1325 m

Gastronomie: Gemütliche Terrasse, Zünftige Brotzeiten. Verschiedene Getränke, selbstgefertigter Quark mit Früchten, hausgebackene Kuchen.

Übernachtung: Keine

Öffnungszeiten: Ohne Ruhetag zwischen Mai und Oktober

Kontaktadresse: Thomas und Vefi Bickel, Reichenbach 12, 87561 Oberstdorf, Tel.: 08326 - 9229; Fax: 9229; www.fuehrer.oberstdorf-online.de/alphuetten

Weg zur Hütte: Auf Straße oder Wanderweg nach Gerstruben hinauf, von dort mit geringem Höhenunterschied durch das Dietersbachertal bis zu seinem Ende (ab Gerstruben 1 Std.). Atemberaubende Blicke zur Höfats! Von der Käseralpe (1400 m) über den Älpelesattel (1780 m) in 2 ¼ Std. Anstrengend.

Wanderkarten: Zumstein Wanderkarte Nr. 4 „Oberstdorf" M 1 : 30 000, AVA Verlag Allgäu Kempten

Tourenmöglichkeiten ab Hütte:

- Über den Älpelesattel (1780 m) zur Käseralpe (1400 m), dann das Oytal auswärts zum Oytalhaus (1009 m) und weiter nach Oberstdorf (ev. mit Stellwagen (4 Std.) Mittelschwer.
- Zum Älpelesattel (1780 m) und weiter auf das Rauheck (2384 m) Nur für Geübte! Anstrengend. 3 Std. Aber lohnende Tour wegen der Aussicht.
- Wie vorher auf's Rauheck, dann weiter zu Kreuzeck (2379 m) und Kemptener Hütte (1844 m) und über Spielmannsau (983 m, ggf. mit Stellwagen) zurück nach Oberstdorf. Hochalpine Wanderung, anstrengend, nur für Geübte mit Ausdauer! 5 - 6 Std.
- Rückkehr nach Gerstruben (50 Min.) Ggf. Abstieg durch den Hölltobel nach Christlessee und zurück nach Oberstdorf 2 bis 2 ½ Std. Unschwer. Hölltobel ein Erlebnis!

Riffenkopf
Obere-
Gerstrubner Älpele
(verfallen)
Gieseler Wald
Kitzber
kopf
1801
Hüttenkopf
1949
1568
Wannenkopf
1722
Rauhenhals
Rauhenhals-A.
2020
1500
1750
Gerstruben
1902
Höfatsmannl
Kl. H
truben
1154
Dietersbach
Histor.
Säge
2258
Höfats
2257
Gerstrubner-A.
1216
Höfatswand
1250
Auß. Tobel
Inn. Tobel
Höfats-
Wanne
Obe
2003
1635
Dietersbach
Bergangerbtobel
Kegelkopf
1959
Dietersbach-A.
1325
Gibel-A.
(verfallen)
Obere Gibelmähder
mähder
Krauters-A.

13. Drehhütte

Allgemeines:	Herrlich gelegenes Ausflugsziel, schöne Blockhütte. Leicht über eine Forststraße, auch mit Rad oder Kinderwagen, zu erreichen. Kinderspielplatz. Arrangierte Familienfeste und Betriebsfeiern. Mitten im Wandergebiet des Ostallgäus.
Lage der Hütte:	Östlich oberhalb von Schwangau im Naturschutzgebiet der Ammergauer Alpen
Höhe über Meer:	1250 m
Gastronomie:	Gemütliche Gaststube und sonnige Terrasse. Rustikale Spezialitäten, wie: Kässpatzen, Tiroler Gröstl, hausgemachte Nudeln. Wildgerichte. Nachtisch. Speisekarte siehe Internet.
Übernachtung:	In Planung.
Öffnungszeiten:	Ganzjährig. Vom November bis Juni Ruhetage Montag/Dienstag. Juli bis Oktober keine Ruhetage.
Kontaktadresse:	Familie Hedwig Müller, 87645 Schwangau. Tel. 08362 - 8585; Fax 08362 - 8351; E-Mail: info@drehhuette.de Internet: www.drehhuette.de
Weg zur Hütte:	An der B 17, 2 km nordöstlich Schwangau Wegweiser Drehhütte/Rohrkopfhütte. Bis Parkplatz Berghausstraße weiterfahren, dann Fußmarsch auf Forstweg 1 Std. Von Buching kommend am Bannwaldsee vorüber, dann links bei gleichem Wegweiser.
Wanderkarten:	Zumstein Wanderkarte Nr. 1s; „Schwangau" M 1 : 30 000; AVA Verlag Allgäu Kempten

Tourenmöglichkeiten ab Hütte:

- Über den Kulturlehrpfad „Schutzengelweg" (Infos über Eiszeiten, Geologie, usw.) zur Bergstation der Tegelbergbahn. 2 ½ Std. Mittelschwer.
- Über das Mühlberger Älpele zur Buchenberg Alm und Bergstation der Buchenberg Sesselbahn. 2 ½ Std. Leicht, aber lang.
- Gipfelbesteigungen: Schönleitenschrofen (1703 m) 2 Std. Mittelschwer. Beste Aussicht. Auf den Latschenkopf (1682 m), 1 ½ Std. Mittelschwer. Zum Pechkopf (1429 m), 45 Min. Einfach.
- Über die Rohrkopfhütte - Schutzengelweg (besonders für Kinder interessant) - kurzer Abstecher auf den Gipfel des Hornburg (1164 m, leicht, aussichtsreich!) - Talstation der Seilbahn - zum Parkplatz Berghausstraße zurück. 2 Std. Einfach.

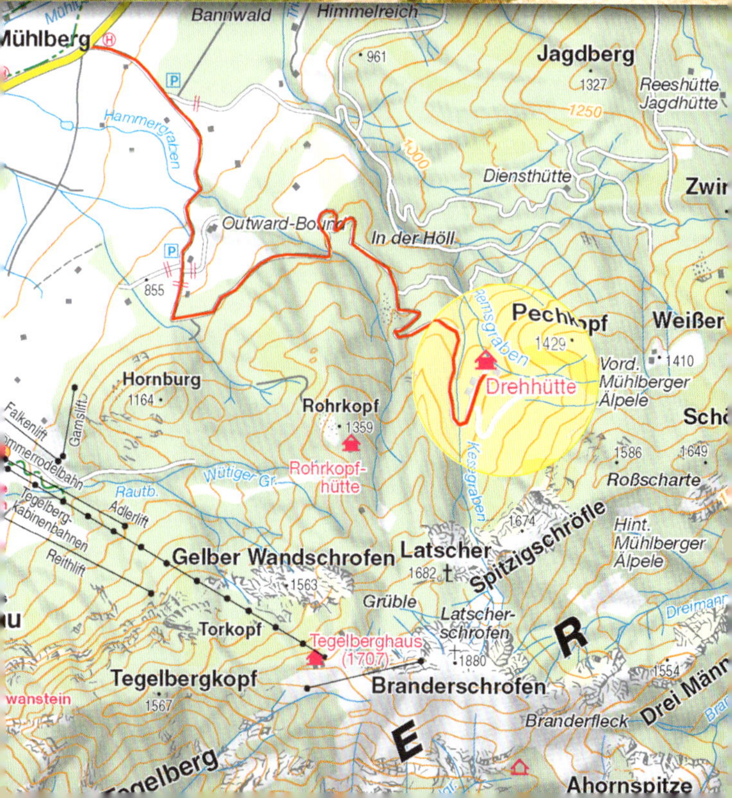
Bannwald
Himmelreich
Mühlberg
961
Jagdberg
1327
Reeshütte
Jagdhütte
1250
Hammergraben
1000
Diensthütte
Zwir
Outward-Bound
In der Höll
855
Pechkopf
Weißer
1429
1410
Vord. Mühlberger Älpele
Drehhütte
Hornburg
1164
Rohrkopf
1359
Rohrkopf-hütte
Falkenlift
Gamslift
Wütiger Gr.
Kessgraben
1586
1649
Roßscharte
Tegelberg-Kabinenbahnen
Adlerlift
Reithlift
1674
Spitzigschröfle
Hint. Mühlberger Älpele
Gelber Wandschrofen
Latscher
1682
1563
Grüble
Latscher-schrofen
Torkopf
Tegelberghaus (1707)
1880
Tegelbergkopf
1567
Branderschrofen
1554
Branderfleck
Drei Männ
Tegelberg
Ahornspitze

14. Alpe Engeratsgund

Allgemeines:	Leicht zu erreichende Alpe mit sonniger Terrasse. Schöne Wandermöglichkeiten ins Obertal, zum Nebelhorn od. auf den Großen bzw. Kleinen Daumen
Lage der Hütte:	Am Beginn des Obertales in der Nähe des Giebelhauses, Gemeinde Bad Hindelang
Höhe über Meer:	1160 m
Gastronomie:	Zünftige Brotzeiten, verschiedene Getränke, Kaffee und hausgemachte Kuchen
Übernachtung:	Keine
Öffnungszeiten:	Anfang Juni bis Anfang Oktober
Kontaktadresse:	Andreas und Ulrike Scholl, Schrotweg 5 B 87541 Bad Oberdorf; Telefon 08324 - 1560; Telefon Alpe: 08324 - 94226, E-Mail: an-scholl@t-online.de
Weg zur Hütte:	Mit Bus ab Hinterstein zum Giebelhaus (1060 m), dann (beschildert) westlich ins Obertal (25 Min.)
Wanderkarten:	Zumstein Wanderkarte Nr. 3, „Bad Hindelang" M 1 : 35 000, AVA Verlag Allgäu Kempten

Tourenmöglichkeiten ab Hütte:

- Durch das sonnige Obertal über die Wengenalpe zur Station „Höfatsblick" (1929 m) der Nebelhornbahn (2 ½ Std.). Leicht.
- Nördlich ansteigend zu Käseralpe (1400 m) und Engeratsgundsee (1878 m) 2 Std. Ev. weiter über das "Türle" und Abstieg über Nicken- und Möslealpen nach Hinterstein. (weitere 2 ½ Std.) Mittelschwer. Lohnende Wanderung, die etwas Ausdauer verlangt.
- Über den Engeratsgundsee auf den Großen Daumen (2280 m) 3 ½ Std. Mittelschwer. Schöne Aussicht.
- Über die Schwarzenberghütte (1400 m) ins Ostrachtal zur Bushaltestelle (1 ½ bis 2 Std.). Leicht.
- Wanderung zurück nach Hinterstein (2 ½ - 3 Std.). Leicht.

2280
2250
Engeratsgundsee
1878
Hengst
1988
Auf dem schönen Bichel
1867
Gattern
Großer
aumen
1750
2000
Laufbichelsee
2018
2044
Gundlesalpe
1621
Im Obergattern
Ortwanger
1250
Laufbichelkirche
2026
Im Unter-
1500
Gündlesb.
Oberer-
Schwarzenberghs.
1400
Ostrach
Käseralpe
1400
Schwarzenberg
1750
Tannerhof H.
Huferwald
Unterer-
Langenfeldhütte
Engeratsgund Hof
1156
1250
Giebelhaus
1060
Diensthütte
Älpele
Laufbichelb.
Laufbichelalp
Vorsäßhütte
Jagdhütte
Laufbichel
Bächhütte
1405
Obertalbach
Giebel
1948
Täschlegraben
Wasserfall
Plättelealpe
Feldalpe
1744
Schönberg H.
1642
2006
Berggächtele
1500

15. Erzgruben Erlebniswelt am

Allgemeines: Ein Bergerlebnis der besonderen Art! Im neuen Erzgruben Museumsdorf über Bergbau am Grünten gibt es geführte Besichtigungen, Themenhütten zu Geologie, Bergbau, Verhüttung und Schmiede. Wanderung für die ganze Familie. Hin- und Rückfahrt mit Erzgrubenbähnle ab/bis Burgberg möglich.

Lage der Hütte: Am Südhang des Grünten am Königssträßle,in unmittelbarer Nähe zum historischen Bergbaurevier. Schöne Aussicht.

Höhe über Meer: 1000 Meter

Gastronomie: Kleine Gaststätte „Knappenhock", Sonnenterrasse. Einfache warme Speisen, Brotzeiten, Kaffee, Kuchen, Getränke.

Übernachtung: Keine

Öffnungszeiten: 1. April - 4. November von 10 - 18 Uhr, Gaststätte bis ca. 20 Uhr. Kein Ruhetag.

Kontaktadresse: Knappenhock: Ingrid Kleinhans, Tel. 0151 - 18446087, Erzgruben: Gästeamt Burgberg, Tel. 08321 - 787897, Fax: 08321 - 787898; Internet: www.erzgruben.de E-Mail: gaesteinformation@burgberg.de

Weg zur Hütte: Ab Parkplatz Steinbruch nördlich des Ortes oder vom Parkplatz Grüntenhalle/Familien-Vitalpark mit dem Erzgrubenbähnle. Unterwegs mehrere Haltestationen. Oder PKW Auffahrt bis Parkplatz Gasthof Alpenblick, dann 30 Minuten Fußmarsch.

Wanderkarten: Zumstein Wanderkarte Nr. 6s, „Sonthofen" M 1 : 30 000; AVA Verlag Allgäu Kempten

Tourenmöglichkeiten:

- Ab Museumsdorf geführte Rundwanderung über Andreasgrube (Tagebau) zu Theresien- und Annagrube, (Untertage) Geschichte, Geologie, Leben und Arbeit im Grünten- Bergbau; Sehen- Anfassen- Erleben; Die Tour dauert 2 - 2 ½ Stunden. Auch für Kinder ab 4 Jahren.
- Rundwanderung auf den Grünten (1738 m) über Alpe Obere Schwande, Rückkehr über Alpe Rossberg, unschwer, aussichtsreich! 4 Std.
- Ab Parkplatz Winkel durch die Starzlachklamm zum Museumsdorf, sehr lohnend! 1 ½ - 2 Std. Rückfahrt mit Erzgrubenbähnle bis Alpenblick, dann Abstieg zum Parkplatz 30 Min. Oder mit Erzgrubenbähnle bis Parkplatz Starzlachklamm

Grünten

ERZ
GRUBEN

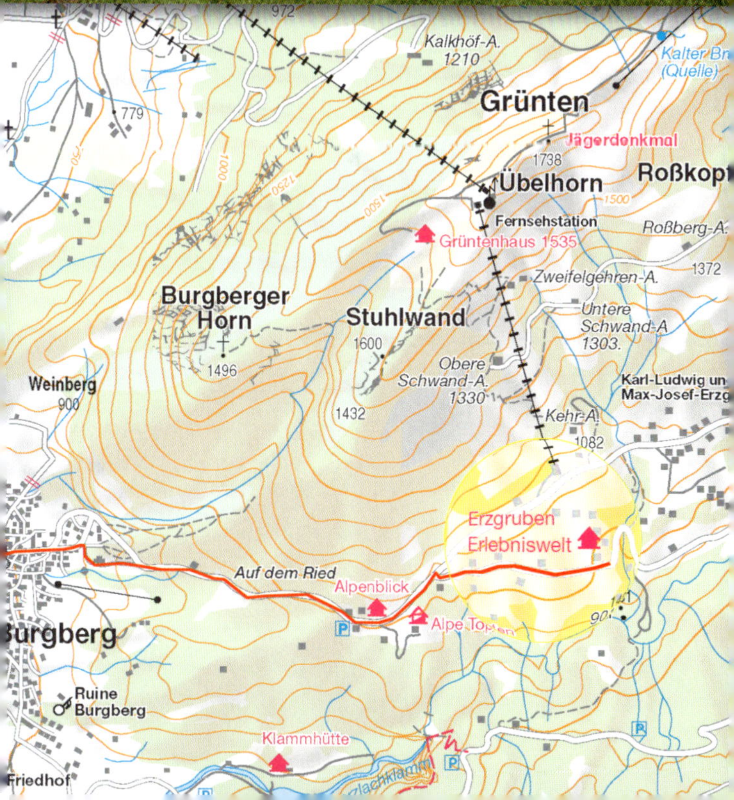
972
Kalkhöf-A.
1210
Grünten
Jägerdenkmal
1738
Übelhorn
Roßkopf
Fernsehstation
Grüntenhaus 1535
Roßberg-A.
779
1000
1250
1500
Zweifelgehren-A.
1372
Burgberger
Horn
Stuhlwand
Untere
Schwand-A
1303.
1600
Obere
Schwand-A.
1330
1496
Weinberg
900
1432
Kehr-A.
1082
Karl-Ludwig un
Max-Josef-Erzg
Erzgruben
Erlebniswelt
Auf dem Ried
Alpenblick
Burgberg
Ruine
Burgberg
Klammhütte
Friedhof

16. Alpengasthof Gaisalpe

Allgemeines: Beliebtes Ziel für Wanderer und Mountainbiker zu Füßen des Rubihorns. Für Kinder Streicheltiere. Herrliche Aussicht in die Berge nördlich von Oberstdorf.

Lage der Hütte: Oberhalb von Reichenbach am Oberallgäuer Rundwanderweg

Höhe über Meer: 1165 m

Gastronomie: Urige, gemütliche Gaststuben, aussichtsreiche Sonnenterrasse. Voll bewirtschaftet. Fleisch aus eigener Tierhaltung, vegetarischeSpeisen, eigene Kuchen. Zünftige Brotzeiten.

Übernachtung: Keine

Öffnungszeiten: Vom 1.5. bis 31.10. ganztägig ab 8 Uhr ohne Ruhetag geöffnet, 1.11. bis 25.12. geschlossen. Dann bis Ostermontag, Ruhetag am Dienstag.

Kontaktadresse: Alpengasthof Gaisalpe, 87561 Oberstdorf
Max und Silvia Zobel, Tel. 08326 - 7917,
Fax 08326 - 385683, Internet: www.berggasthof-gaisalpe.de; E-Mail: zobel.gaisalpe@t-online.de

Weg zur Hütte: Am östlichen Ortsrand von Reichenbach führt ein für öff. Verkehr gesperrter Fahrweg zur Gaisalpe. Ebenso ein Fußweg durch den Gaisbachtobel. Sehr romantisch! 50 Min.

Wanderkarten: Zumstein Wanderkarte Nr. 4, „Oberstdorf“ M 1 : 30 000, AVA Verlag Allgäu Kempten

Tourenmöglichkeiten ab Hütte:

- Zu den Gaisalpseen (1508 m, 1769 m), mittelschwer, 1 ¼ bzw. 1 ¾ Std.
- Über das Falkenjoch auf den Schnippenkopf (1833 m), leicht, schöne Aussicht. 2 Std.
- Auf dem Wallraffweg nach Oberstdorf, leicht, erholsame Wanderung. 1 ¾ Std.
- Nach Schöllang, leicht, 1 ½ Std.
- Über die Gaisalpseen auf's Nebelhorn (2224 m). Schwer. Alpine Tour, sehr interessant. 3 ½ bis 4 Std.
- Weitere Wanderziele beim Wirt zu erfragen

Alpen-Gasthof Gaisalpe

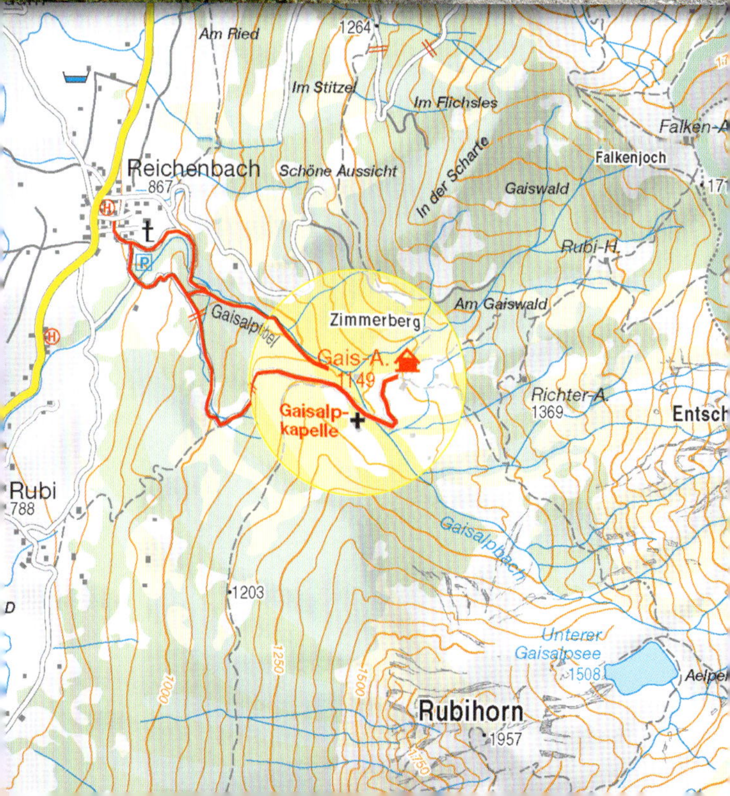
Am Ried
1264
Im Stitzel
Im Flichsles
Falkenjoch
Reichenbach
867
Schöne Aussicht
In der Scharte
Gaiswald
Rubi-H.
Am Gaiswald
Gaisalptobel
Zimmerberg
Gais-A.
1149
Gaisalp-
kapelle
Richter-A.
1369
Rubi
788
Gaisalpbach
1203
Unterer
Gaisalpsee
1508
Rubihorn
1957
1000
1250
1500
1750

17. Alpe Gerstenbrändle

Allgemeines:	Bequem zu erreichendes Ausflugsziel für die ganze Familie. Schöne Sennalpe, geführte Besichtigung möglich, interessanter Käsekeller.
Lage der Hütte:	Am westlichen Ortsrand von Gunzesried-Säge, 3 km westlich von Gunzesried
Höhe über Meer:	950 m
Gastronomie:	Gemütliches Stüble und sonnige Terrasse; Brotzeit und Getränke, eigene Milchprodukte, Kaffee und hausgemachte Kuchen
Übernachtung:	Ja, mit Frühstück
Öffnungszeiten:	Mitte Mai bis 31. Oktober
Kontaktadresse:	Hans und Eva Endreß, Autalweg 5, Gunzesrieder Säge, 87544 Blaichach, Telefon und Fax 08321 - 89871 (Alpe), bzw. 08321 - 83639 (privat). Internet: www.gerstenbraendle.de
Weg zur Hütte:	Wegbeschreibung: Vom Parkplatz östlich des Ortes auf dem Weg ins Aubachtal in 10 Minuten zu Fuß erreichbar
Wanderkarten:	Zumstein Wanderkarte Nr. 6 s „Sonthofen“ M 1 : 30 000, AVA Verlag Allgäu Kempten

Tourenmöglichkeiten ab Hütte:

- Über die Gunzesrieder Säge nach Wiesach (1116 m) zur Falkenalpe (1160 m), Ornachalpe und durch den Schönbuchwald zurück. 2 ½ Std. Leicht. Aussichtsreiche hübsche Wanderung.
- Zur Alpe Vorsäß I, dann über den Stubenbach-Alpweg, Abzweig zu den Alpen Stubenbach und Mittelberg (1248 m), Abstieg nach Gunzesried Säge. 3 Std. Leicht.
- Durch das Aubachtal auf Alpweg zur Alpe Scheidwang (1317 m). 2 Std., Leicht. Mit Maut auch per PKW möglich.
- Über den Wiesach und Gratgasse auf den Stuiben (1749 m), mittelschwer. 3 Std.
- Auf das Blaicher Horn (1669 m), mittelschwer, 2 ½ - 3 Std.

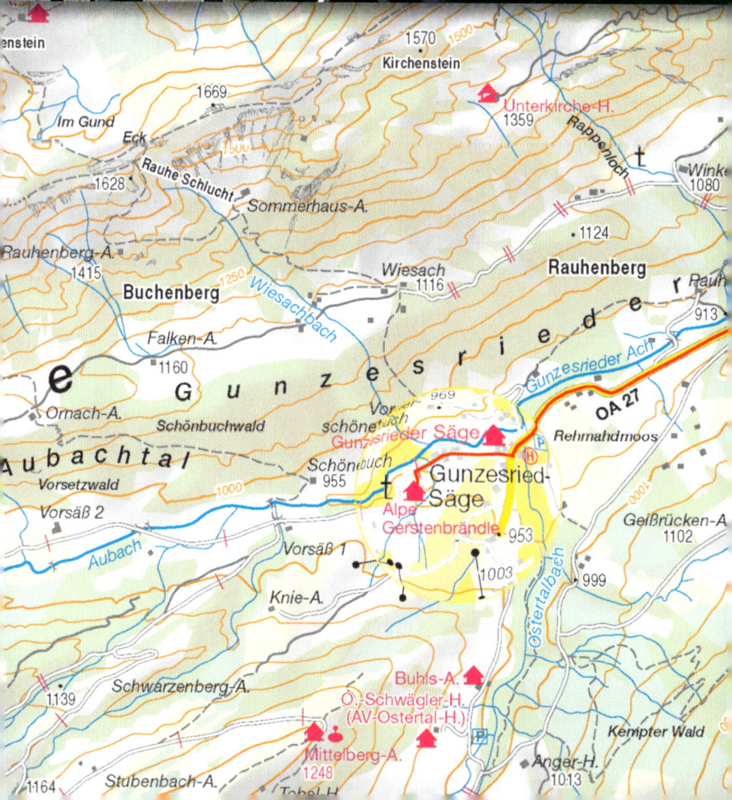

enstein
1570
1500
Kirchenstein
1669
Unterkirche-H.
1359
Im Gund
Eck
1500
Rappenloch
Winke
1080
1628
Rauhe Schlucht
Sommerhaus-A.
1124
Rauhenberg-A.
1415
1250
Wiesach
1116
Rauhenberg
Buchenberg
Wiesachbach
Rauh
913
Falken-A.
Gunzesrieder Ach
1160
Gunzesrieder
969
OA 27
Ornach-A.
Schönbuchwald
Vorder-
schönebuch
Gunzesrieder Säge
Rehmahdmoos
Aubachtal
Schönebuch
Gunzesried-
Säge
Vorsetzwald
955
1000
Alpe
Gerstenbrändle
953
Geißbrücken-A.
1102
Vorsäß 2
1000
Aubach
Vorsäß 1
1003
999
Knie-A.
Ostertalbach
1139
Schwarzenberg-A.
Buhls-A.
O.-Schwägler-H.
(AV-Ostertal-H.)
Kempter Wald
Mittelberg-A.
1248
Anger-H.
1013
1164
Stubenbach-A.

18. Berggasthof Gerstruben

Allgemeines: Beliebtes Ausflugsziel im sehenswerten Museumsdorf Gerstruben, Ausgangspunkt schöner Touren. 1x wöchentlich mit Marktbähnle erreichbar. Sehr lohnender Ausflug!

Lage der Hütte: Zu Füßen der Höfats im Dietersbachtal südlich von Oberstdorf.

Höhe über Meer: 1156 m

Gastronomie: Gemütliche Gaststube, 2 Neben-Zimmer, große Sonnenterrasse. Voll bewirtschaftet, Spezialität Wild aus dem Tal. Zünftige Brotzeiten, hausgemachter Kuchen.

Übernachtung: Keine.

Öffnungszeiten: Ganzjährig ab 9 Uhr. Geschlossen nach Wetterlage im Herbst und Frühjahr. Im Winter/Frühjahr Ruhetag Montag.

Kontaktadresse: André Dodier, Gerstruben 1, 87561 Oberstdorf; Tel. 08322 - 959-290, Fax 08322 - 959-291; E-Mail: Dodier-Andre@web.de

Weg zur Hütte: Mit PKW bis Parkplatz Renksteg. Zu Fuß laut Beschilderung ins Trettachtal, dort Abzweig Fahrweg. 1 ½ bis 2 Std. Oder durch Hölltobel ab Christlessee (+ 40 Min.) Sehr lohnend, mittelschwer.

Wanderkarten: Zumstein Wanderkarte Nr. 4, „Oberstdorf" M 1 : 30 000, AVA Verlag Allgäu Kempten

Tourenmöglichkeiten ab Gerstruben:

- Durch den Hölltobel ins Trettachtal, unschwer, 45 Min.
- Zur historischen Säge und weiter über die Alpe Raut nach Christlessee, sehr schöne Tour, einfach, bester Blick auf Gerstruben. 1 Std.
- Durch's Dietersbachtal bis Alpe Dietersbach (1325 m). Einfach, (50 Min.) Gigantische Blicke auf Allgäuer Berge, Fortsetzung über Älpele Sattel (1780 m) ins Oytal möglich, aber weit und mittelschwer!
- Übergang über Gerstruber Älpele (leichte Besteigung des Hahnenköpfles, 1735 m, neben dem Weg) zum Oytalhaus (1008 m) unschwer, anstrengend, aber lohnend 2 Std.
- Nicht vergessen: die alten Häuser von Gerstruben, die historische Säge und die Kapelle anzuschauen. Blick auf Höfats!

Dienersberg
Jägerstand
Kühberg
1000
O y t
Gruben
Gruben
Renksteg
Ob.
Oybach
Dienst-H.
906
Hunde Dressurplatz
Golf-platz
Trettach
Gündle
1563
Schloßwies
Gebrgoibe
1748
Riffenkopf
Burgstall
942
Dieters-
Zwingbrücke
1614
906
Älpelekopf
berg
Riefenkopf
Gerstruben
Gerstruben
1154
Raut
Histor. Säge
Christlessee
Gottenried
Christlessee
Erholungsheim
mmelschrofen

19. Giebelhaus

Allgemeines:	Herrliches Wanderziel im Naturschutzgebiet „Allgäuer Hochalpen". Für allgemeinen Verkehr gesperrte Zufahrt, jedoch leicht zu erreichen mit Bus ab Hinterstein, mit MTB oder zu Fuß. Atemberaubende Gebirgslandschaft. Partneralpe Laufbichel (Sennalpe). Kinderspielplatz.
Lage der Hütte:	Im hintersten Ostrachtal am Zusammenfluß von Bärgündeles- und Obertalbach, 10 km südlich von Hinterstein.
Höhe über Meer:	1100 m
Gastronomie:	Große, gemütliche Gaststube, Sonnenterrasse. Voll bewirtschaftet, regionale Küche (warm 11.30 bis 14.30 Uhr). Gute Brotzeiten. Im Sommer kein Ruhetag. Im Winter Ruhetag am Mittwoch.
Übernachtung:	Keine.
Öffnungszeiten:	Täglich vom 25. Dezember bis 31. Oktober
Kontaktadresse:	Gaststätte Giebelhaus, Familie Margrit und Walter Schmid, Giebelstraße 100, 87541 Hinterstein; Tel.: 08324 - 8146; Fax 08324 - 953827; E-Mail: Giebelhaus-hinterstein@t-online.de; Internet: www.giebelhaus.de
Weg zur Hütte:	Parkplatz in Hinterstein Nähe Gh. Grüner Hut. Stündlicher Pendelbusverkehr zum Giebelhaus mit div. Zustiegsmöglichkeiten. Zu Fuß in 2 bis 2 ½ Std. Beliebt bei MTBikern oder Radlern.
Wanderkarten:	Zumstein Wanderkarte Nr. 3 „Bad Hindelang" M 1 : 35 000, AVA Verlag Allgäu Kempten

Tourenmöglichkeiten ab Giebelhaus:

- Wanderung ins Obertal zur Alpe Laufbichel. 45 Min. Leicht.
- Über Engeratsgund und Käseralpe zum Engeratsgundsee und weiter auf den Kleinen Daumen (2190 m), 3 Std. Unschwer.
- Ins Bärgündeletal bis zur Pointhütte (1319 m), 1 ½ bis 2 Std. Leicht. Weiter zum Prinz-Luitpold-Haus (1846 m), 1 ½ Std. Mittelschwer.
- Über die Schwarzenberghütte Abstieg ins Ostrachtal. 1 ½ Std. Zustiegsmöglichkeit zum Bus.
- Durch das Obertal und über die Wengenalpe zur Bergstation der Nebelhornbahn. 2 ½ Std. Abfahrt nach Oberstdorf. Oder Rückkehr zum Giebelhaus über Koblat - Engeratsgundsee - Käseralpe. Weitere 2 ½ Std.

Giebelhaus
ZOTLER

Kleiner Daumen
Pfannenhölzer
2190
2090
1802
Obere Nicken-A.
Mittlere Nicken-A.
Tosenbach
Türle
Engeratsgund-see
1878
Hengst
1988
Auf dem schönen Bichel
Auf dem Gattern
Ortwanger Berg
1867
1750
2000
Hubertuskap
Im Ober-gattern
Gundlesalpe
1621
2044
1250
ufbichelkirche
2026
Gündlesb.
1500
Im Unter-
Oberer-
Schwarzenberghs.
1400
Ostrach
Käseralpe
1400
Schwarzenberg
Unterer-
Hufenwald
Langenfeldhütte
1501
Engeratsgund-Hof
1156
Giebelhaus
1060
Säubach
Obertalbach
Vorsässhütte
Jagdhütte
Laufbichel
Obertal
Oberschra
Taschlegraben
Wasserfall
1948
Giebel

20. Grüntenhütte

Allgemeines: Hütte mit herrlicher Aussicht für Sommer- und Wintersportler, am Skilift gelegen. Leicht über einen für den öff. Verkehr gesperrten Alpweg zu erreichen. Gut für Familienfeiern und Ausflüge.

Lage der Hütte: Auf dem Gratrücken östlich des Grüntengipfels. Vom Tal schon sichtbar.

Höhe über Meer: 1477 m

Gastronomie: Warme Speisen, z.B. Allgäuer Krautkrapfen, Kässpatzen, Quarkspatzen, zünftige Brotzeiten, Getränke, Kaffee und hausgemachte Kuchen und Torten

Übernachtung: 2 Familienzimmer mit je 6 Betten und eigenem Aufenthaltsraum, 2 Matratzenlager mit je 15 Plätzen

Öffnungszeiten: Ganzjährig geöffnet, die aktuellen Öffnungszeiten bitte per Telefon erfragen

Kontaktadresse: Norbert Zeberle, Grüntenhütte 87549 Rettenberg
Tel. 08327 - 7474, Fax 08321 - 780-5481;
Internet: www.gruenten-huette.de

Weg zur Hütte: Zwischen Rettenberg und Kranzegg an Beschilderung abbiegen und bis Parkplatz oberhalb des Steinbruches fahren, von dort Alpweg zur Hütte. 1 ¼ Std.

Wanderkarten: Zumstein Wanderkarte Nr. 6 „Immenstadt"
M 1 : 30 000, AVA Verlag Allgäu Kempten

Tourenmöglichkeiten ab Hütte:

- Zum Grüntengipfel (1738 m), beste Aussicht weit und breit; Panorama zwischen Zugspitze, Alpenhauptkamm und Säntis, 1 Std.
- Abstieg über Jörgalpe u. Berggasthof Kranzegg nach Kranzegg (1 ½ Std.)
- Östlich über Burgerschläg und Metzeberg zum Parkplatz am Königssträßchen (1 ½ Std.)
- Richtung Rosskopf am Grünten und Abstieg über Zweifelgehren und Obere Schwande zum Parkplatz beim Gh. Alpenblick (oder weiter nach Burgberg) 1 ½ bis 2 Std. (bzw. 2 bis 2 ½ Std.)
- Talwanderung nach kurzem Anstieg über Kalter Brunnen und Kammeregg zum Parkplatz 1 ¼ Std.
- Über Grüntengipfel und Grüntenhaus nach Burgberg 2 ½ Std.

Kranzegg
Kalchenbach
849
Rettenberg
843
Göhl-A.
1082
Beleuchtete
Rodelbahn
Grünten-Talifte
(Doppelsesselbahn)
Breitensteinlift 1
Breitensteinlift 2
Berggasthof
Kranzegg
Tengel-A.
Schwarz-A.
Steinbruch
Geiß-A.
Jörg-Alpe
1180
Kammereggllift
Moosbacher A.
1246
Maul-A.
Wedellift
Ideallift
Grünten-Ferglift
Gsol
Kammeregg-A.
1180
Ob.
Kammeregg-A.
Grünten-Gipfellift
Grüntenhütte
1477
Kammerregglift 2
Herzlessteinbach
1496
972
Kalkhöf-A.
1210
Kalter Brunnen
(Quelle)
Grünten
Jägerdenkmal
1738
Übelhorn
Roßkopf

21. Gundhütte

Allgemeines: Ruhige Lage mitten in der Allgäuer Bergwelt mit bester Aussicht, Ausgangs- bzw. Zielpunkt für Berg- oder Bikertouren. Leicht zu erreichen über einen für öffentlichen Verkehr gesperrten Fahrweg oder über Wald- und Wiesenweg ab Pfronten-Vilstal.

Lage der Hütte: Am Südhang des Edelsberges bei Pfronten in einer wunderschönen Hochebene.

Höhe über Meer: 1180 m

Gastronomie: Sonnenterrasse, 2 gemütliche Gasträume. Durchgehend warmes Essen, Brotzeit und Getränke, selbstgebackener Kuchen, gut geeignet für Familien- und Betriebsfeiern, Hüttenabende mit Live-Band, Fackelwanderungen.

Übernachtung: Nach Voranmeldung möglich

Öffnungszeiten: Ganzjährig. Anschlagtafel beachten!

Kontaktadresse: Gundhütte, Familie Kast, Gundweg 1, 87459 Pfronten, Tel. 08363 - 1777 oder 08363 - 6666, Fax 08363 - 8037; Internet www.gundhuette.de

Weg zur Hütte: Vom Parkplatz Pfronten-Röfleuten-Nord zu Fuß in ca. 1 ¼ Std. (Fahrweg gesperrt, s.o.); Vom Vilstal-Parkplatz zu Fuß in ca. ¾ Std.

Wanderkarten: Zumstein Wanderkarte Nr. 2p „Pfronten", M 1: 30 000, AVA Verlag Allgäu Kempten

Tourenmöglichkeiten ab Hütte:

- **Edelsbergroute:** Von der Gundhütte Aufstieg zur Fichtelhütte und weiter auf den Gipfel des Edelsberges (1630 m). Schöne Aussicht! Dann hinüber zur nahen Alpspitze (1575 m). Abstieg zur Kappeler Alm (1370 m) und Rückkehr zur Gundhütte. Gehzeit 4 Std. Höhenunterschied 500 m. Mittelschwer.
- **Scheidbachroute:** Von der Gundhütte über die Dinser Hütte (1493 m) zur Stubentalalpe (1284 m, Jungholz/Tirol), weiter nach Jungholz (1124 m) und über Scheidbach zurück zur Gundhütte. Gehzeit 5 Std. Höhenunterschied 450 m, mittelschwer.
- **Höhenwegroute:** Von der Gundhütte zur Hündleskopfhütte (1100 m) und über den Höhenweg zurück zur Gundhütte. Gehzeit 2 ½ Std. Höhenunterschied 150 m, leicht/mittel.

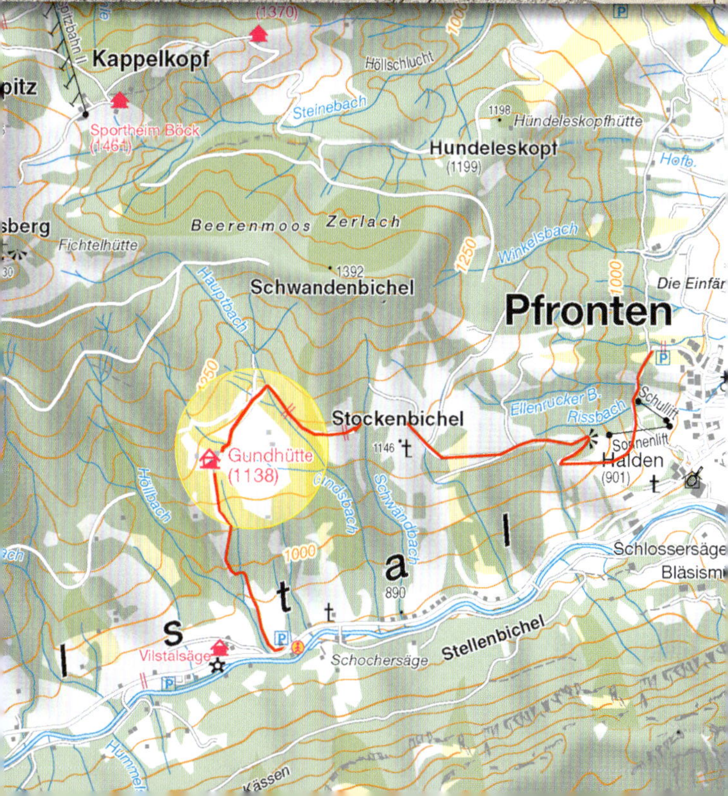

(1370)
Kappelkopf
Höllschlucht
Sportheim Böck
(1461)
Steinebach
1198
Hündeleskopfhütte
Hundeleskopf
(1199)
Hofb.
Beerenmoos
Zerlach
Fichtelhütte
Winkelsbach
1392
Schwandenbichel
Hauptbach
Pfronten
Die Einfär
1250
1000
Stockenbichel
Ellenrucker B.
Rissbach
Schullift
Sonnenlift
Gundhütte
(1138)
1146
Halden
(901)
Höllbach
Schwandbach
Schlossersäge
Bläsism
890
Vilstalsäge
Schochersäge
Stellenbichel
Kässen

22. Alpe Gschwenderberg

Allgemeines: Preisgekrönte urige Hütte, im alten Stil restauriert, besonders schöne Lage hoch über dem Großen Alpsee im Wandergebiet Immenstadt, Jungviehalpe. Eine der ältesten Alphütten des Allgäus.

Lage der Hütte: Am Nordhang des Gschwender Hornes oberhalb von Bühl a. A./Immenstadt

Höhe über Meer: 1075 m

Gastronomie: Besonders rustikale Stube und sonnige Terrasse, zünftige Brotzeiten und Getränke, Kaffee und hausgemachter Kuchen.

Übernachtung: Keine.

Öffnungszeiten: Anfang Juni bis Oktober.

Kontaktadresse: Lydia & Nicole Pinn, Oberstdorf-Tiefenbach,
Telefon und Fax 08322 - 606737 (Tal)
Telefon Alpe: 08323 - 4876.

Weg zur Hütte: In Bühl am Alpsee dem Wegweiser nach Rieder/ Gschwend folgen. Vom Parkplatz in Gschwend auf neuem Alpweg zu Fuß zur Hütte, 50 Min.

Wanderkarten: Zumstein Wanderkarte Nr. 6 „Immenstadt"
M 1 : 30 000, AVA Verlag Allgäu Kempten

Tourenmöglichkeiten ab Hütte:

- Über die Große Starkatsgundalpe (1211 m) Abstieg durch den Stadtwald, Abzweig bei der Pionierhütte und Rückkehr nach Gschwend. Leicht, 1 ½ Std.
- Auf das Gschwender Horn (1450 m), leicht, 1 ½ Std.; Schöne Aussicht auf Alpsee und Thaler Höhenzug.
- Über die Alpen Rabennest und Kessel auf's Immenstädter Horn (1489 m), Abstieg durch das Steigbachtal nach Immenstadt, mittelschwer, 2 ½ bis 3 Std. Achtung: Nachfragen wegen eventueller Bergrutsch-Sperrung! Abfahrt nach Immenstadt ab Mittelstation der Mittagbahn möglich.
- Zum Kemptener Naturfreundehaus (1440 m) und weiter auf den Stuiben (1749 m), unschwer, 2 ½ bis 3 Std.
- Über Große und Kleine Starkatsgundalpe zur Alpsee Bergwelt, leicht, 1 ½ bis 2 Std. Abfahrt mit Sesselbahn oder Sommerrodelbahn „Alpine Coaster" ins Tal, Bushaltestelle.

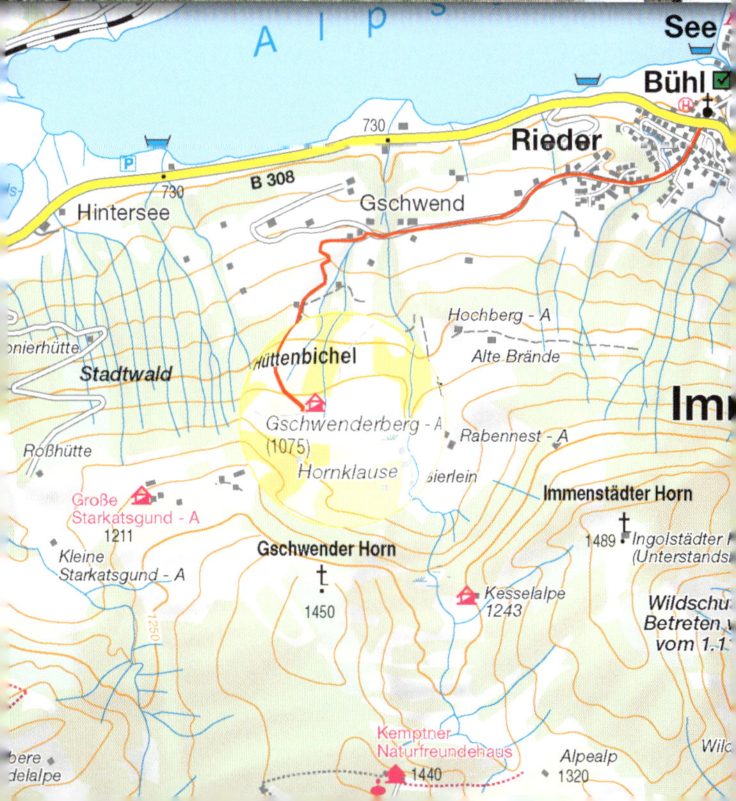

See
Bühl
730
Rieder
B 308
730
Hintersee
Gschwend
Hochberg - A
Hüttenbichel
Alte Brände
Stadtwald
Gschwenderberg - A
(1075)
Rabennest - A
Roßhütte
Hornklause
Große
Starkatsgund - A
1211
Immenstädter Horn
1489
Kleine
Starkatsgund - A
Gschwender Horn
1450
Kesselalpe
1243
1250
Kemptner
Naturfreundehaus
1440
Alpealp
1320

23. Hirschalpe

Allgemeines:	Über einen Alpweg leicht zu erreichendes, beliebtes Wanderziel mit herrlicher Aussicht. Ausgangs- und Zielpunkt schöner Wanderungen.
Lage der Hütte:	Auf der Südseite des Spießers bei Oberjoch, zugänglich von Jochstraße oder Oberjoch
Höhe über Meer:	1493 m
Gastronomie:	Gemütliche Gaststube, sonnige Aussichtsterrasse. Warme Speisen (bekannt ist der Kaiserschmarren!) Deftige Brotzeiten, verschiedene Getränke.
Übernachtung:	Keine
Öffnungszeiten:	Ganzjährig mit Ausnahme von Mitte November bis Weihnachten
Kontaktadresse:	Hans und Maggi Schwarz, Langenwang, Tel. 0175 - 2078961; Fax 08326 - 381567
Weg zur Hütte:	Von Oberjoch (1136 m) zum Panoramaweg und über den „Ifenblick“ (beschildert) auf den Alpweg und weiter zur Hirschalpe (1 ½ Std.) Vom Parkplatz an der Jochstraße (Nähe 1000 Meter Schild) über geteerten Alpweg, 1 ½ Std.
Wanderkarten:	Zumstein Wanderkarte Nr. 3 „Bad Hindelang“ M 1 : 35 000, AVA Verlag Allgäu Kempten

Tourenmöglichkeiten ab Hütte:

- Abstieg durch den Hirschbachtobel nach Bad Hindelang 1 ½ Std. Wasserfälle, Felsschluchten. Eindrucksvoll!
- Zum Gipfel des Spießer (1649 m) 40 Min. Schöne Aussicht, leicht.
- Über den Steinpasssattel zum Gipfel des Großen Hirschberges (1643 m) und über den Jochschrofen nach Oberjoch 1 ½ Std. Unschwer.
- Auf das Wertacher Hörnle (1695 m) über den Oberallgäuer Rundwanderweg 1 ½ Std. Leicht.
- Zum Kleinen Hirschberg (1456 m) mit Abstieg westlich über Luitpoldhöhe nach Bad Hindelang 1 ½ bis 2 Std. Aussichtsreich, einfach.

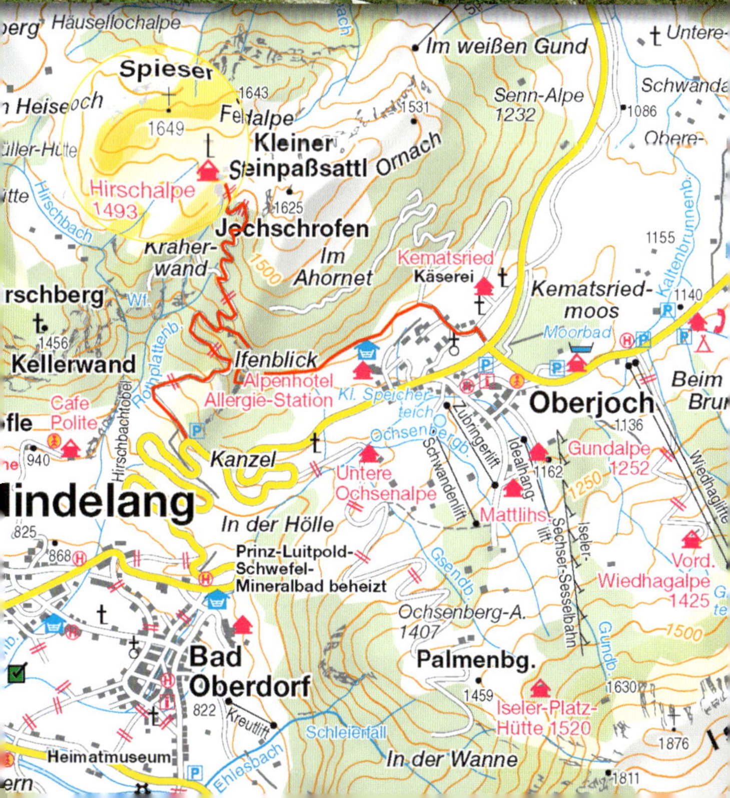

Häusellochalpe
Im weißen Gund
Untere-
Spieser
1643
Senn-Alpe
1232
Schwanda
1649
Feldalpe
1531
1086
Obere-
Kleiner
Seinpaßsattl
Ornach
Hirschalpe
1493
1625
Hirschbach
Jechschrofen
Kraher-
wand
1500
Im
Ahornet
Kematsried
Käserei
1155
Kematsried-
moos
1140
Kaltenbrunnenb.
Wf.
Moorbad
Kellerwand
1456
Ifenblick
Alpenhotel
Allergie-Station
Kl. Speicher-
teich
Oberjoch
Beim
Cafe
Polite
Ochsenbergb.
Zubringerlift
Idealhang-
lift
1136
Gundalpe
1252
940
Kanzel
Untere
Ochsenalpe
Schwandenlift
1162
1250
Wiedhaglift
Hirschbachtobel
In der Hölle
Mattlihs
Sechser-Sesselbahn
Iseler-
Vord.
Wiedhagalpe
1425
825
868
Prinz-Luitpold-
Schwefel-
Mineralbad beheizt
Gsendb.
Ochsenberg-A.
1407
1500
Gundb.
Bad
Oberdorf
Palmenbg.
1630
822
Kreutlift
1459
Iseler-Platz-
Hütte 1520
Heimatmuseum
Schleierfall
In der Wanne
1876
Ehlesbach
1811

24. Alpengasthof Hörmoos

Allgemeines: Mitten im Wandergebiet Falken-Hädrich gelegener Alpengasthof. Ab Bergstation Imbergbahn mit Buspendelverkehr erreichbar. Hobbyraum, Liegestühle, Kinderspielplatz, Kleintiergehege, kleiner See mit Badegelegenheit. Beliebtes Wanderziel und Ausgangsort vieler grenzenloser Wanderungen. Parkplatz am Haus (Mautstraße).

Lage der Hütte: Im Falken-Hädrichgebiet südlich von Steibis.

Höhe über Meer: 1283 m

Gastronomie: Gemütlich-rustikale Gaststube, große Sonnenterrasse. Feste aller Art, zünftige Hüttenabende.
Voll bewirtschaftet, Buffetfrühstück. Für Hausgäste Abendmenü. Menüvorschläge im Internet.

Übernachtung: Gemütliche Zimmer im Landhausstil mit Dusche/WC. Auch Lagerplätze.

Öffnungszeiten: Geöffnet zwischen Weihnachten und Ostern sowie Mitte Mai bis Anfang November.
Restaurant Dienstag Ruhetag.

Kontaktadresse: Alpe Hörmoos, 87534 Oberstaufen-Steibis, Familie Klaus Schneider; Telefon 08386 - 8129; Fax 08386 - 8633; E-Mail: info@hoermoos.de; Internet: www.hoermoos.de

Weg zur Hütte: Mit der neuen Imbergbahn bis Bergstation, von hier Buspendelverkehr oder zu Fuß in 45 Min.; Ab Parkplatz Festhalle Wanderung in 2 bis 2 ½ Std. Ab Parkplatz Hochhädrich (Vorarlberg) zu Fuß in 30 Min.

Wanderkarten: Zumstein Wanderkarte Nr. 8, „Oberstaufen"
M 1 : 35 000; AVA Verlag Allgäu Kempten

Tourenmöglichkeiten ab Hörmoos:

- Rund um den romantischen Hörmoossee. 45 Min.
- Wanderung nach Steibis über: Schneylochalpe - Alpe Obere Stieg - Untere Lauchalpe - Talstation der Hochgratbahn - Weissachbrücke - Tarzansteg - Steibis. Insgesamt ca. 2 ½ bis 3 Std. Unschwer.
- Hochhäderich (1565 m): auf ausgeschildertem Wanderweg leicht zum aussichtsreichen Gipfel. 1 ¼ Std.
- Durch eine herrliche Moorlandschaft zum Hochhädrich Liftgebiet (Vorarlberg), weiter auf den Kojen (1300 m) mit schöner Aussicht; Zurück: Alpe Glutschwanden - Hochwies nach Hörmoos. 3 Std. Leicht.

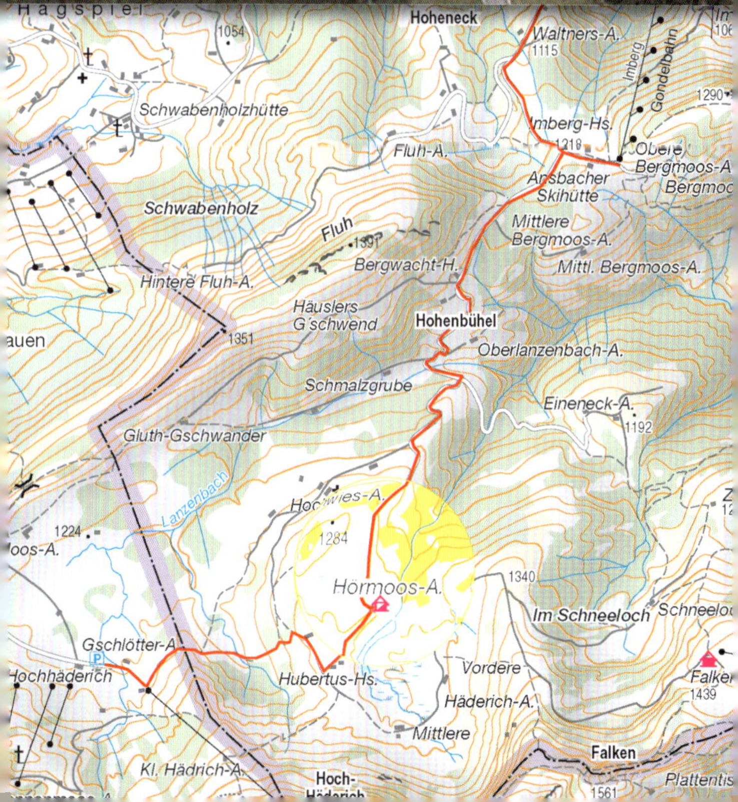
Hoheneck
Waltners-A.
1115
1054
Schwabenholzhütte
Imberg
Gondelbahn
1290
Imberg-Hs.
1318
Fluh-A.
Obere
Bergmoos-A.
Ansbacher
Skihütte
Schwabenholz
Mittlere
Bergmoos-A.
Fluh
1391
Bergwacht-H.
Mittl. Bergmoos-A.
Hintere Fluh-A.
Häuslers
G'schwend
Hohenbühel
1351
Oberlanzenbach-A.
Schmalzgrube
Eineneck-A.
1192
Gluth-Gschwander
Lanzenbach
1224
1284
1340
Hörmoos-A.
Im Schneeloch
Gschlötter-A.
Hubertus-Hs.
Vordere
Häderich-A.
1439
Mittlere
Kl. Hädrich-A.
Falken
1561

25. Imberghaus

Allgemeines: Schöner, aussichtsreich gelegener Berggasthof oberhalb von Steibis, mit Imbergbahn erreichbar, Linienbus-Haltestelle. Hüttenabende mit Musik, gut für Familienfeste oder Betriebsfeiern.

Lage der Hütte: Am Imberg bei Steibis/Oberstaufen, neben der Bergstation der neuen 8er Gondel- Imbergbahn,

Höhe über Meer: 1225 m

Gastronomie: Panorama-Sonnenterrasse, großes Restaurant. Voll bewirtschaftet, durchgehend warme Küche. Allgäuer Spezialitäten, Berglerbrotzeit, Bergkäse- und Schupfnudeln, Kässpatzenessen, Kindergerichte. Gemütliche Altholzstube.

Übernachtung: 1 Ferienwohnung neu mit Aussichtsbalkon.

Öffnungszeiten: Ab 9.00 Uhr täglich. Im Juni/Juli Ruhetag Montag.

Kontaktadresse: Wolfgang Lewandowski, 87534 Oberstaufen-Steibis,
Telefon 08386 - 8106, Fax 08386 - 8140;
E-Mail: imberghaus@t-onlinde.de"
Internet: www.imberghaus.de

Weg zur Hütte: Zufahrt mit Linienbus. Ggf. mit 8er Gondelbahn zur Imbergbahn- Bergstation, dann rechts weg. Zu Fuß auch auf verschiedenen Wanderwegen, wie über Schindelberg und Bärenloch oder über die Imbergalpe und Remmeleggalpe zum Imberghaus.

Wanderkarten: Zumstein Wanderkarte Nr. 8 „Oberstaufen"
M 1 : 35 000, AVA Verlag Allgäu Kempten

Tourenmöglichkeiten ab Imberghaus:

- Beginn und Ende des neuangelegten Alpenlehrpfades als Rundwanderweg. 6.3 km, leicht, sehr interessant und informativ.
- Über die Alpen Häuslers Gschwend und Glutschwanden auf den Kojen (1300 m, schöne Aussicht in den vorderen Bregenzer Wald)) und über die Hochhäderich Talstation und Hochwies (unterhalb gibt es eine Bushaltestelle) zurück zum Imberghaus, 3 ½ bis 4 Std., unschwer, lohnend.
- Östlich über Bergmoos Alpen Abstieg nach Lanzenbach (1 ½ Std.) und mit Bus zurück nach Steibis.
- Abstieg über die Imberg Alpe nach Steibis-Parkplatz, 1 Std.
- Rundweg: über den Fluhrücken zum Steinernen Tor und Glutschwanden und Häuslers Gschwend zurück, wenig schwierig, 2 ½ bis 3 Std.

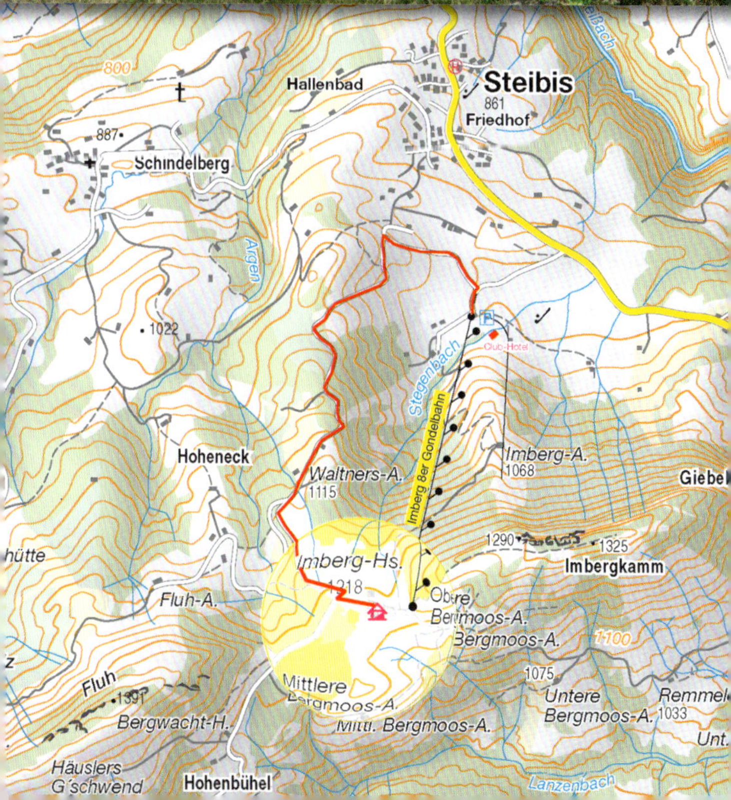

800
Hallenbad
Steibis
861
Friedhof
887
Schindelberg
Argen
1022
Stegenbach
Club-Hotel
Imberg 8er Gondelbahn
Imberg-A.
1068
Hoheneck
Waltners-A.
1115
Giebel
1290
1325
Imbergkamm
hütte
Imberg-Hs.
1218
Obere Bergmoos-A.
Bergmoos-A.
Fluh-A.
1100
1075
Fluh
1391
Mittlere Bergmoos-A.
Mittl. Bergmoos-A.
Untere Bergmoos-A.
Remmel
1033
Bergwacht-H.
Unt.
Häuslers G'schwend
Hohenbühel
Lanzenbach

26. Alpe Jägerhütte

Allgemeines: Die Alpe ist durch einen für öffentlichen Verkehr gesperrten Alpweg oder die Tegelbergbahn gut zu gängig. Einsam, ruhig und weitab, aber in sehr schöner Natur gelegen. Übergang zum Ammerwald möglich.

Lage der Hütte: Südöstlich von Hohenschwangau im Naturschutzgebiet Ammergebirge/Ostallgäu

Höhe über Meer: 1422 m

Gastronomie: Sonnige Terrasse. Zünftige Brotzeiten und verschiedene Getränke.

Übernachtung: Keine

Öffnungszeiten: Mitte Juni bis Ende September

Kontaktadresse: Otto Lang, 87645 Schwangau-Horn, Frauenberg 7, Tel. 08362 - 8465, Fax: 08362 - 98 71 09

Weg zur Hütte: Ab Bergstation Tegelbergbahn auf der „Großen Bleckenau-Runde“ über Niederen Straußbergsattel und Ochsenängerle in 2 Std. Schöne Wanderung. Von Hohenschwangau (840 m) zur Bleckenau (1167 m, 1 ½ Std. oder Kleinbus), weiter entlang der Pöllat zur Hütte (1 ¼ Std.). Leicht. Aufstieg vom Hotel Ammerwald (1079 m) über den „Schützensteig“, 1 ½ Std. Leicht.

Wanderkarten: Zumstein Wanderkarte Nr. 1 „Füssen“ M 1 : 30 000, AVA Verlag Allgäu Kempten

Tourenmöglichkeiten ab Hütte:

- Übergang zum Tegelberg mit der Möglichkeit die Gondel ins Tal zu nutzen. Über das Ochsenängerle, Niederstraußberg Sattel und oberen Teil des Ahornreitweges zur Bergstation (1707 m) 2 ½ bis 3 Std. Anstrengend, aber schön.
- Bergtour auf die Hochplatte (2082 m) über Ochsenängerle und Köllebachtal, 2 ½ Std. Mittelschwer.
- Über den Schützensteig Abstieg zum Hotel Ammerwald 1 Std. Leicht.
- Über die Hirschwängalpe rund um den Ochsenälpeleskopf zum Kuhkarjoch, (bequeme Möglichkeit seiner Besteigung). Abstieg über die Altenberghütte zur Straße Jägerhütte-Bleckenau und weiter zur Bleckenau (Busanschluß) 3 bis 3 ½ Std.

Drei Män
Branderfleck
Gumpenkarspitze
1910
Gabelschrofen
spitze
2010
2012
Gabelschrofen-
sattel
2079
2082
1780
Schwangauer
Kessel
Krähe
Fenster
hornsattel
1916
Hochplatt
Ndr. Straußberg
Roggentalgabel
ergköpfl
1877
1883
Köllebach
Ndr.
Straußberg-
sattel
1989
erg
1616
Hochblasse
Ochsenängerle
1750
Alpe Jägerhütte
Schäferblasse
ebirge
1431
1764
1500
Pöllat
1352
Untere Blasse
1319
1766
Altenberghütte
(1403)
Ochsenälpele
Hirschwängalpe
(1565)
Ochsenälpelekopf
(Ochsenkopf)
1086
1905

27. Alpe Kammeregg

Allgemeines:	Auf Alpweg leicht erreichbare Hütte, gut geeignet für Gruppenausflüge, Feste,zünftige Hüttenabende. Kinderspielplatz, Kleintiere
Lage der Hütte:	Im Grünten- Wandergebiet oberhalb von Rettenberg
Höhe über Meer:	1200 m
Gastronomie:	Gemütliche Gaststube, Sonnenterrasse. Warme Gerichte, Brotzeiten, Getränke aller Art, selbsterzeugte Milch, Butter und Kuchen. Kässpatzen auf Vorbestellung.
Übernachtung:	2 gepflegte Matratzenlager für 30 Personen
Öffnungszeiten:	Ganzjährig ab 10 Uhr. Mo. ab 17 Uhr geschlossen
Kontaktadresse:	Stefan Schwarz, 87549 Rettenberg, Tel. 08327 - 1049, Fax 08327 - 930147, E-Mail: info@alpe-kammeregg.de Internet: www.alpe-kammeregg.de
Weg zur Hütte:	Zwischen Rettenberg und Kranzegg beschilderte Wegabfahrt, am Steinbruch vorbei bis Parkplatz unterhalb der Alpe, Weiterfahrt gesperrt, Aufstieg über Alpweg in 10 Minuten
Wanderkarten:	Zumstein Wanderkarte Nr. 6 „Immenstadt" M 1 : 30 000, AVA Verlag Allgäu Kempten

Tourenmöglichkeiten ab Hütte:

- Abstieg nach Rettenberg, 50 Minuten
- Auf den Grünten (1738 m) über die anschließenden Viehweiden und den Kalten Brunnen in 1 ½ Std. Mittelschwer am Schlussanstieg. Eine der schönsten Panoramaaussichten im Allgäu! Sehr lohnend.
- Über den Alpweg zur Grüntenhütte, 1 Std. und über den Kalten Brunnen zurück, weitere 1 Std.
- Zur Alpe Kalkhöf und Abstieg auf Alpweg nach Wagneritz, leicht, 2 Std.
- Über den Grünten nach Burgberg, mittelschwer, 3 bis 3 ½ Std.
- Über Geißalpe und „Berggasthof Kranzegg" nach Kranzegg, teilweise auf „lustigem Wanderweg", leicht, 1 ½ Std.

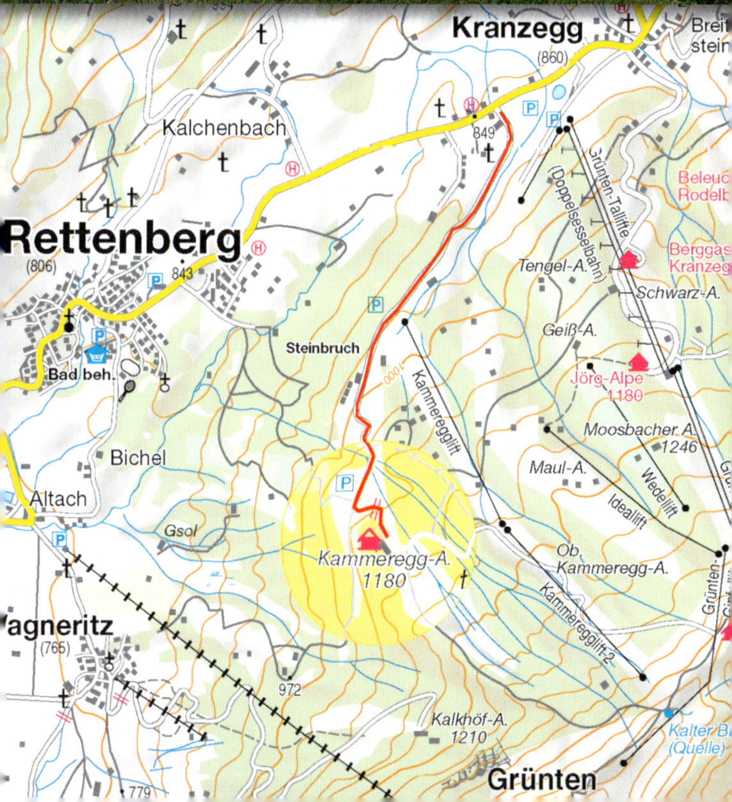

Kranzegg
(860)
Kalchenbach
849
Rettenberg
(806)
843
Bad beh.
Steinbruch
Bichel
Altach
Gsol
Kammeregg-A.
1180
Kammerегglift
1000
agneritz
(765)
972
Kalkhöf-A.
1210
Grünten
779
Grünten-Tallifte
(Doppelsesselbahn)
Tengel-A.
Schwarz-A.
Geiß-A.
Jörg-Alpe
1180
Moosbacher A.
1246
Maul-A.
Ideallift
Wedellift
Ob.
Kammeregg-A.
Kammerегglift 2
Kalter B
(Quelle)
Beleuc
Rodelb
Berggas
Kranzeg
Breit
stein

28. Kenzenhütte

Allgemeines: In traumhafter Lage des Naturschutzgebietes Ammergebirge gelegenes beliebtes Wanderziel und Ausgangsort zu herrlichen Berg- u. Wandertouren. 1645 erstmals urkundlich erwähnt. Zubringerbus ab Parkplatz Halblech täglich ab Himmelfahrt 8 bis 17.30 Uhr, Sa/ So ab 7.00 Uhr. Zwischenhalt am Wankerfleck. Fahrpreis einfach 3.50 €

Lage der Hütte: Im Kenzengebiet südöstlich von Halblech/Ostallgäu.

Höhe über Meer: 1300 m

Gastronomie: Gemütlicher Gastraum, große sonnige Terrasse. Zünftige Brotzeiten, bayerische Schmankerl, gepflegte Getränke, Kaffee und Kuchen.

Übernachtung: In gepflegten Zimmern und Hüttenlagern

Öffnungszeiten: Geöffnet über Ostern, ab Christi Himmelfahrt durchgehend bis zum 3. Sonntag im Oktober. Kein Ruhetag.

Kontaktadresse: Karl-Heinz Warner, Kenzenhütte, D-87642 Halblech. Telefon 08368 - 390; Fax 08861 - 2561420; E-Mail: info@kenzenhuette.de Internet: www.berggasthof-kenzenhuette.de

Weg zur Hütte: Vom Parkplatz südlich Halblech entweder mit dem Zubringerbus oder zu Fuß in 3 Stunden durchs romantische Halblechtal. Reizvoll auch für MTB-Fahrer.

Wanderkarten: Zumstein Wanderkarte Nr. 1 h, „Halblech“ M 1 : 30 000, AVA Verlag Allgäu Kempten

Tourenmöglichkeiten ab Hütte:

- Der Kesselrundweg ist besonders reizvoll in den Monaten Juni/Juli wegen der Alpenrosenblüte, insgesamt 3 Std. Leicht.
- Grubenkopf (1839 m) über Hirschwanghütte, schöne Aussicht, Hinweg 2 Std. Leicht.
- Hochplatte (2082 m). Besonders lohende Aussicht; Trittsicherheit erforderlich. Hinweg 2 ½ Std. Einfach.
- Der Kenzenkopf (1745 m) ist ein hübscher, unschwieriger Aussichtsberg. Hinweg 1½ Std.
- Weitere Wege zum Tegelberg, Brunnenkopf od. zur Ammerwald Alm.

Eben-
wald
Bockstall-
see
1659
Jägerswald
R
G
1713
1148
Kapelle
Wankerfleck
Neuweidbach
Bäckenalpsattel
1536
Jagdhaus
1354
Kenzenköpfl
Kenzenhütte
1285
Kesselwand
Gumpenbach
1591
Kessel
1827
1764
Jägerswand
1745
Vorderer Scheinberg
Gumpenhütte
(1454)
Hirtenhütte
Lösertaljoch
Kenzenkopf
Kenzensattel
1682
1650
1859
Gamsangerl
Schlössel
1806
2079
Wilder
Freithof
Weitalpjoch
2082
1778
Fenster
1529
Weidentalbach
1916
Hochplatte
Weitalpspitz
Roggentalgabel
Roggentalbach
1459
1870
1883
Weitalpe
(1694)
1989
Hirtenhütte
Hochblasse

29. Mittelalpe

Allgemeines: Im Kleinwalsertal gelegene urige Sennalpe. Schönes und beliebtes Ausflugsziel von Riezlern oder Schönblick (Bergstation Sesselbahn). Zuschauen beim Käsen nach Anfrage möglich.

Lage der Hütte: Auf der Nordwestseite des Fellhornzuges oberhalb von Riezlern auf ebenen Alpweiden.

Höhe über Meer: 1350 m

Gastronomie: Gemütliche Gaststube mit schöner Sonnenterrasse. Herzhafte Gerichte, zünftige Brotzeiten. Milch, Käsespezialitäten und alpwirtschaftliche Produkte aus eigener Herstellung. Hausgemachte Kuchen.

Übernachtung: Keine

Öffnungszeiten: Ende Mai bis Ende Oktober, Dienstag Ruhetag.

Kontaktadresse: Alpsennerei Mittelalpe, Familie Hilbrand,
Mittelalpe, A-6991 Riezlern,
Telefon 0043 664482 - 5474;
E-Mail: info@mittelalpe.at
Internet: www.mittelalpe.at

Weg zur Hütte: Wegbeschreibung: Für öff. Verkehr gesperrter Fahrweg von Riezlern über Oberwestegg, beschildert. 1 ¼ Std.Von Bergstation der Söllereckbahn beschilderter Wanderweg über Alpe Schrattenwang, 1 Std.

Wanderkarten: Zumstein Wanderkarte Nr. 5, „Kleinwalsertal", M 1 : 25 000, AVA Verlag Allgäu Kempten

Tourenmöglichkeiten ab Hütte:

- Nach Riezlern über Oberwestegg und den Schmiedebach zum Bushaltezentrum im Ort (1086 m), 50 Minuten.
- Wanderung über Innerwestegg nach Schwand oder Unterwestegg. Bushaltestelle. 1 Std.
- Zur Bergstation der Söllereckbahn entlang des Fellhornzuges über Alpe Schrattenwang(1400 m) auf schönem Wanderweg, 1 ½ Std. Dann zur Talstation absteigen oder mit der Bahn abfahren. An der Talstation eine Runde mit der Sommerrodelbahn einlegen und mit dem Bus zurück nach Riezlern fahren. Interessante Kombination!

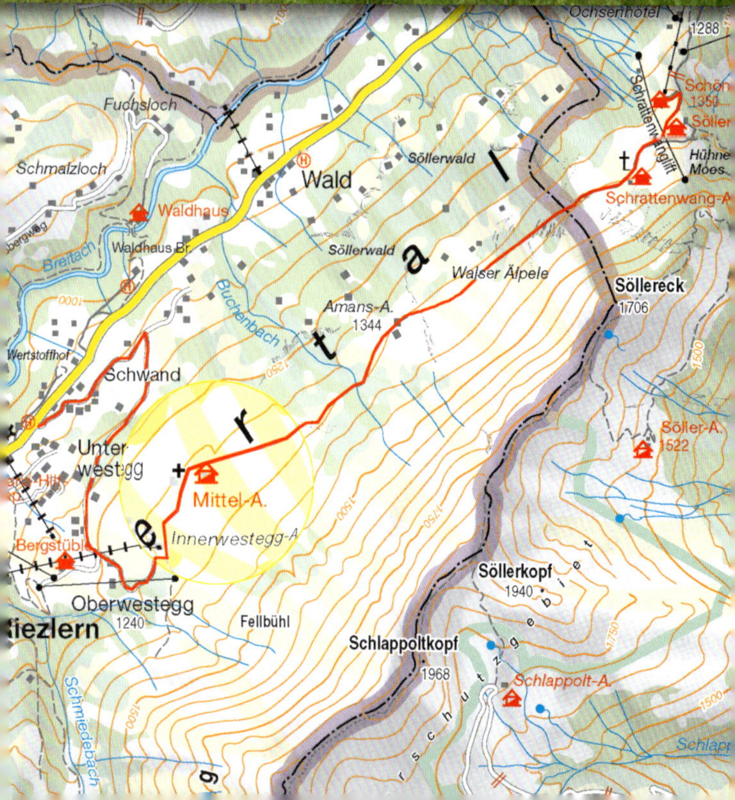
Ochsenhöfel
1288
1350
Schrattenwanglift
Moes
Schrattenwang-A.
Fuchsloch
Schmalzloch
Wald
Söllerwald
Waldhaus
Waldhaus Br.
Breitach
Söllerwald
Walser Älpele
Söllereck
1706
Amans-A.
1344
Buchenbach
Wertstoffhof
Schwand
Unterwestegg
Mittel-A.
Innerwestegg-A.
Bergstübl
Oberwestegg
1240
Fellbühl
Söller-A.
1522
Söllerkopf
1940
Schlappoltkopf
1968
Schlappolt-A.
Schmiedebach

30. Alpe Oberberg

Allgemeines: Aussichtsreich gelegene Sennalpe, leicht erreichbar durch Nähe der Mittag-Schwebebahn. Für öffentlichen Verkehr gesperrter Alpweg bis zur Hütte. Sennereiführung möglich.

Lage der Hütte: Südöstlich unter dem Mittag Gipfel (1451 m)

Höhe über Meer: 1305 m

Gastronomie: Brotzeit und Getränke, selbsterzeugte Milchprodukte (Bergkäse), Schinken aus eigener Schweinehaltung

Übernachtung: keine

Öffnungszeiten: Anfang Mai bis Anfang November

Kontaktadresse: Gudrun und Klaus Beck, Am Kappelbichl 4,
87544 Blaichach- Gunzesried,
Tel. 08323 - 6784, Fax 083223 - 6784,
E-Mail: info@alpe-oberberg.de
Internet: www.alpe-oberberg.de

Weg zur Hütte: Von der Bergstation der Mittagbahn augeschildert in 15 Minuten bergab. Von Immenstadt auch auf dem neuen Alpweg über die Mittagalpe (1 ½ bis 2 Std.) Von Gunzesried über die Alpe Rabennest (1 ¾ Std.), ab Reute 1 Std.

Wanderkarten: Zumstein Wanderkarte Nr.6, „Immenstadt"
M 1: 30 000, AVA Verlag Allgäu Kempten

Tourenmöglichkeiten ab Hütte:

- Von Oberberg nach Ettensberg (Blaichach) über die Alpe Derb und die Bildkapelle (1 Std.)
- Über den Mittag zum Steineberg (1683 m) 1 ½ Std. Weiter zum Stuiben (1749 m) 1 ¼ Std. Eine der schönsten Wanderungen der Gegend. Mittelschwer.
- Zum Bärenkopf (1463 m) (45 Min.). Von dort Abstieg über die Alpen Vorderkrumbach und Dürres Horn nach Gunzesried (1 bis 1 ¼ Std.)
- Auf dem Alpweg Abstieg nach Immenstadt. 1 ½ Std.

mmenstadt
St. Nikolaus)
Kanzel
1166
Am Hörnl
Fabrik
Mittag
Hochried
Schattenberg
Mittelstation
Hölzkapelle
Henkerloch
Sesselbahn
Mittagalplift
Schattberglift
Mittagalpe
1210
Schwandneralpe
Ornach
Jagdhütte
Mittagberg
Schwandlift
1451
Oberberg
Schleifalpe
Jagdhütte
Rabennest
Alpe Derb
Bildkapelle
Ettensberg
(870)
Schwanden
795
Neu-
Riederalp
mummen
Alt-
Rauhen-
zell
UW
Bauhof
Fabrik
Seen
1463
Bärenkopf
Käseralpe
1000
Reute

31. Berggasthaus Ostlerhütte

Allgemeines: Beliebtes Wanderziel in exzellenter Aussichtslage mit Blick über das Ostallgäu und in die Allgäuer, Tiroler und Schweizer Bergwelt. Leicht erreichbar durch Breitenberg- und Hochalpbahn ab Pfronten-Steinach. Ein Erlebnis für Tages- und Übernachtungsgäste. Breitenbergbahn täglich 9 bis 17.00 Uhr.

Lage der Hütte: Auf dem Gipfel des Breitenberges.

Höhe über Meer: 1838 m

Gastronomie: Rustikale Gaststube, aussichtsreiche Sonnenterrasse. Mit warmer Küche voll bewirtschaftet.

Übernachtung: 5 Zimmer mit 14 Betten (ÜF 21,00 €), 60 Lager (ÜF 17,00 €)

Öffnungszeiten: Ganzjährig geöffnet, Mo - So 7.30 bis 22.00 Uhr

Kontaktadresse: Manfred Fröis, Breitenberg 6, 87459 Pfronten-Steinach; Tel. 08363 - 424; Fax 08363 - 424; Internet: www.alphuetten.com/Ostlerhuette

Weg zur Hütte: Mit Breitenberg- und anschließend Hochalpbahn zur Bergstation in 1650 m Höhe, weiter zu Fuß über Kiesweg in 30 - 40 Min. Ab Fallmühle im Vilstal über den Westgrat 2 ½ Std. Unschwierig.

Wanderkarten: Zumstein Wanderkarte Nr. 2p „Pfronten" M 1 : 30 000; AVA Verlag Allgäu Kempten

Tourenmöglichkeiten ab Hütte:

- Auf den Aggenstein (1987 m) über die Bergstation der Hochalpbahn, Grenzhütte und Bad Kissinger Hütte, 2 ½ Std. mittelschwer. Sehr lohnend, aussichtsreich!
- Über den Westgrat des Breitenberges Abstieg zum Gasthaus Fallmühle, weiter mit Bus oder zu Fuß nach Pfronten. Bis Fallmühle 1 ½ Std. leicht. Bis Pfronten-Steinach (Talstation der Bergbahn) über Tiroler Stadel und Breitenberg Wiesen 2 ½ bis 3 Std.
- Von der Ostlerhütte Abstieg zur Talstation durch den Reichenbachtobel, schöne Klamm mit Wasserfall. 2 Std. Einfach/mittelschwer.
- Abstieg über Jagdhütte und Seekopf ins Achtal und über das Zollhaus nach Fallmühle. 2 ½ Std. Einfach. Rückkehr nach Pfronten mit dem Bus.

OSTLER HÜTTE

Josemühle
Steinacher Ach
Dreindlmühle
Skistadion
Im Gschön
886
867
Familienlift
Mühllift
Wendelift
Ideallift
Alpengarten
Steinach
(850)
Bahnhof
Zirmenbrü
Campingplatz
Pfronten
Nebelebach
Standardlift
Ahornbach
1000
Kesselbach
Breitenbergbahn
rze Wand
1185
Breitenberg-Wiesen
Tiroler Stadl
(1270)
Kälberalpe
1250
1000
Reichenbachklamm
Breitenberg
Ostlerhütte
(1838)
Unterer
Breitenberg
Berghaus-Allgäu
(1500)
1500
1750
Hochalpbahn
Hochalpe
Quelle
Hochalphütte
(1509)
Mittaglift
1250
Wasserfall
1500
1280
Aggensteinlift
Jagdhütte
Der faule Graben
Plattenbach
1250
Seekopf
Aggenstein
1987
Kanzel

32. Berggasthof Oytalhaus

Allgemeines: In herrlicher Wanderlage des Oytales gelegener Gastof, behindertengerechte Einrichtungen, Bergroller-Verleih, Abend-veranstaltungen, Alpin-Ausstellung, Kutschfahrten.

Lage der Hütte: Im Oytal südöstlich von Oberstdorf

Höhe über Meer: 1019 m

Gastronomie: Gaststube und Stüberl mit Kachelofen, Voll bewirtschaftet. Regionale und Feinschmecker-Küche, Wildspezialitäten aus dem Tal, zünftige Brotzeiten.

Übernachtung: Keine

Öffnungszeiten: Täglich ab 10 Uhr, Ruhetag: im Sommer keinen, im Winter Samstag und nach 17 Uhr.

Kontaktadresse: Familie Peter Redlich, Oytalhaus 1,
87561 Oberstdorf; Telefon 08322 - 80381,
Fax 08322 - 800 784;
E-Mail: oytalhaus@oytalhaus.de
Internet: www.oytalhaus.de;

Weg zur Hütte: Von Oberstdorf zu Fuß über ausgeschilderte Wege, Fahrstraße für öffentl. Verkehr gesperrt. Zu Fuß in 1 ½ Std. Parkplatz Nähe Talstation Nebelhornbahn. Stellwagenzubringer ab Oberstdorf.

Wanderkarten: Zumstein Wanderkarte Nr. 4, „Oberstdorf"
M 1 : 30 000, AVA Verlag Allgäu Kempten

Tourenmöglichkeiten ab Oytalhaus:

- Leichte Wanderung zum Prinzenkreuz auf dem neuen Naturerlebnisweg „Auf den Spuren der Gämsen", ca. 3.5 km, 12 Stationspunkte, sehr empfehlenswert. Führer 1 € im Oytalhaus.
- Übergang nach Gerstruben über Lugenalpen, unschwer, 2 Std.
- Auf dem Gleitweg zum Seealpsee (1628 m) und weiter zur Station Höfatsblick der Nebelhornbahn (1927 m). Mittelschwer, keinesfalls Weg verlassen! Alpines Gelände! 2 ½ Std.
- Zur Käseralpe (1400 m) über das Prinzenkreuz, unschwer, herrliche Aussicht auf Höfats und die Wilden-Bergkette, Stuibenwasserfall sehenswert. 2 Std. Unschwer.
- Über Himmeleck und Laufbacher Eck zur Station Höfatsblick der Nebelhornbahn. Anstrengend, alpine Hochtour, nur für Geübte! Einmalige Aussicht! Als Tagestour einplanen.

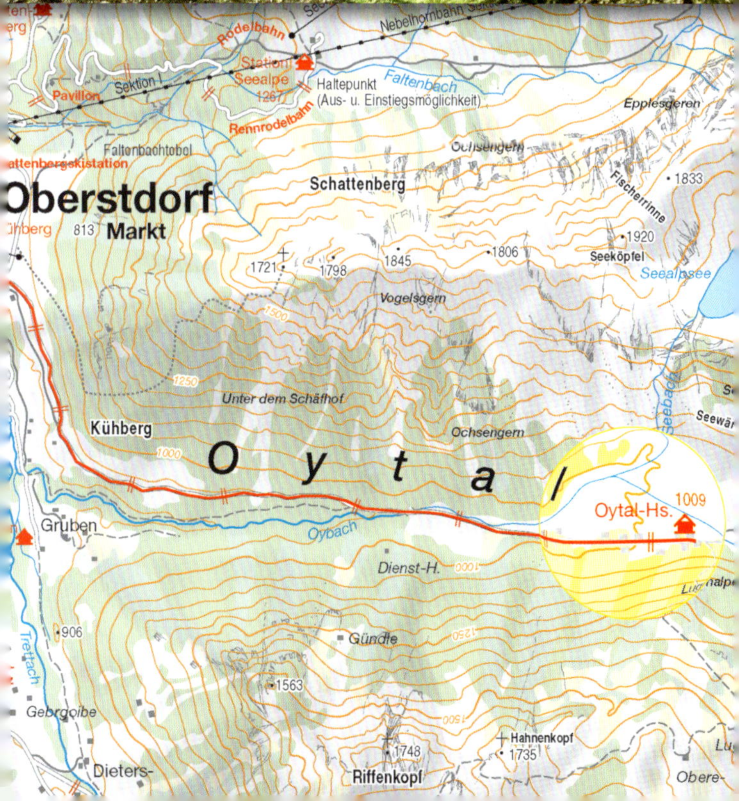

Rodelbahn
Nebelhornbahn
Station Seealpe
1267
Haltepunkt
(Aus- u. Einstiegsmöglichkeit)
Faltenbach
Pavillon
Sektion I
Rennrodelbahn
Epplesgeren
Ochsengern
Faltenbachtobel
Schattenberg
Fischerrinne
1833
Oberstdorf
Markt
813
1721
1798
1845
1806
1920
Seeköpfel
Seealpsee
Vogelsgern
1500
1250
Unter dem Schäfhof
Kühberg
Ochsengern
1000
Oytal
1009
Oytal-Hs.
Gruben
Oybach
Dienst-H.
906
Gündle
Trettach
1563
Gebrgoibe
1748
Hahnenkopf
1735
Dieters-
Riffenkopf
Obere-

33. Alpe Scheidwang

Allgemeines: Einsam, aber schön gelegenes beliebtes Ausflugsziel für die ganze Familie. Parkplatz am Haus. Mit PKW (Maut 4,- €) erreichbar. Ausgangspunkt schöner Wanderungen.

Lage der Hütte: Am Sattel zwischen Aubachtal und Lecknertal westlich von Gunzesried

Höhe über Meer: 1318 m

Gastronomie: Gemütliche Gästestube, große Sonnenterrasse. Brotzeit mit eigenem Bergkäse, Speck, Getränke, eigener Kirschmost.

Übernachtung: Keine

Öffnungszeiten: Ende Mai bis Mitte Oktober

Kontaktadresse: Fam. Stefan Führer, Burgweg 7, 87527 Sonthofen-Berghofen; Telefon und Fax: 08321 - 86763; Mobil 0171 - 2186763

Weg zur Hütte: Mit PKW: Nach Blaichach-Gunzesrieder Säge (930 m, hier Maut bezahlen)- Scheidwang. Zu Fuß ab Säge 2 ¼ Std. Von österreichischer Seite: Mit PKW bis Gasthof Höfle/Lecknertal, dann 1 ½ Std.

Wanderkarten: Zumstein Wanderkarte Nr. 6 s. „Sonthofen“ M 1 : 30 000, AVA Verlag Allgäu Kempten

Tourenmöglichkeiten ab Hütte:

- Über den Sattel zwischen Gierenkopf und Heidenkopf und über die Alpe Oberbalderschwang nach Balderschwang 2 ½ Std. Mittelschwer.
- Zum Hochgrat (1834 m): zur Alpe Dietle und über die Brunnenauscharte zum Gipfel (herrliche Rundsicht), Abstieg westlich zur Hochgratbahn Bergstation und zurück über die Alpe Obergelchenwang. Mittelschwer, Ausdauer verlangt, 3 ½ bis 4 Std.
- Zum Lecknersee in Vorarlberg über die Alpen Sura, Helmingen und Gasthaus Höfle, 2 Std. Unschwer.
- Auf den Siplinger (1746 m): 1 ½ Std., Mittelschwer. Beim Rückweg kann der Heidenkopf (1685 m) bestiegen werden (unschwer)

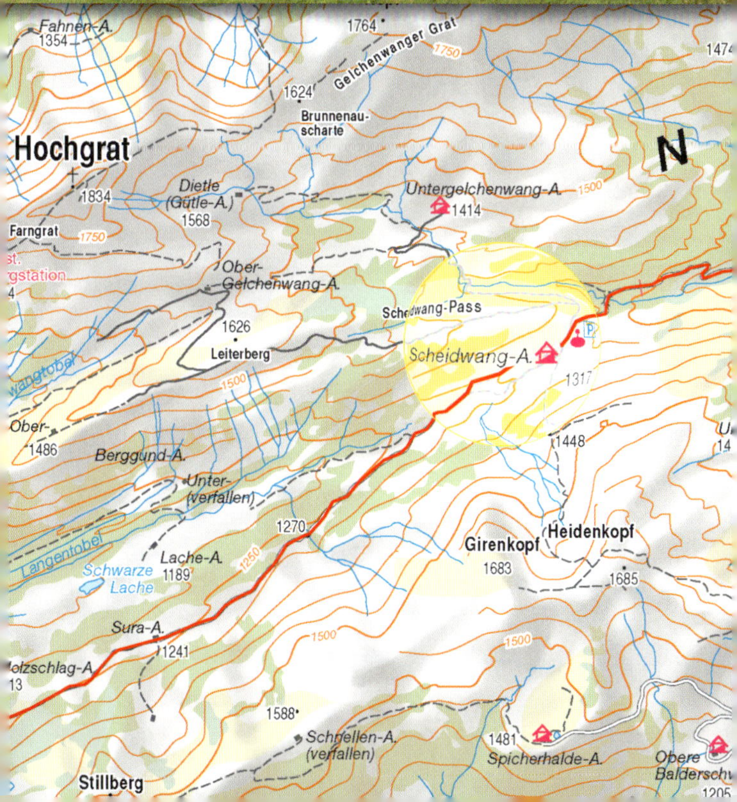
Fahnen-A.
1354
1764
Gelchenwanger Grat
1750
1624
Brunnenau-
scharte
Hochgrat
1834
Dietle
(Gütle-A.)
1568
Untergelchenwang-A.
1414
1500
N
Farngrat
1750
Ober-
Gelchenwang-A.
Scheidwang-Pass
1626
Leiterberg
Scheidwang-A.
1317
1500
Ober-
1486
Berggund-A.
1448
Unter-
(verfallen)
1270
Girenkopf
Heidenkopf
1683
1685
Langentobel
Lache-A.
1189
1250
Schwarze
Lache
Sura-A.
1241
1500
1500
1588
Schnellen-A.
(verfallen)
1481
Spicherhalde-A.
Stillberg

34. Alpe Stubental

Allgemeines: Alpe in schöner Aussichtslage, beliebtes Wander- und Radlerziel. Gut für Familienfeiern und Feste. Musikalischer Früh- oder Dämmerschoppen. Kinderspielplatz. Vielseitige Flora in der Umgebung.

Lage der Hütte: Nordöstlich, oberhalb von Jungholz/Tirol

Höhe über Meer: 1284 m

Gastronomie: Gemütliche Gaststube, Sonnenterrasse. Deftige Brotzeiten, täglich wechselnde Tagesgerichte, Allgäuer und Tiroler Küche, hausgemachte Kuchen, Getränke. Eis. Freitag ab 17.30 Uhr Käspatzenessen, Mittwoch ab 17.30 Uhr Schnitzelessen (jeweils nach Voranmeldung) Almfest mit Schlachtschüssel

Übernachtung: Keine auf der Alpe, jedoch im Gästehaus Müller in Jungholz möglich. Tel. 0043 5676 8131,

Öffnungszeiten: Im Sommer täglich ab 10 Uhr, Montag Ruhetag.

Kontaktadresse: Franz und Sabine Müller, A-6691 Jungholz oder D-87491 Jungholz; Telefon 0174 - 345 3497; Fax: 0043 5676 - 83723, Internet:www.stubental-alpe.de

Weg zur Hütte: Vom Parkplatz in Jungholz-Langenschwand zu Fuß in 45 Minuten; Ab Alpenhof Reuterwanne zu Fuß in 1 Std.

Wanderkarten: Zumstein Wanderkarte Nr. 2 j; „Jungholz“ M 1 : 30 000, AVA Verlag Allgäu Kempten

Tourenmöglichkeiten ab Hütte:

- Rundwanderweg über Langenschwand - Panoramaweg-Gießenschwand - Untere Reuterwanne und zurück. Leicht, erholsame Wanderung. 2 ½ Std
- Auf die Reuter Wanne (1541 m), aussichtsreich,leicht, 1 Std.
- Zur Vilstalsäge, 1 ½ Std. Im Vilstal Richtung Pfronten. Weiter alsRundweg: Aufstieg zur Gundhütte und über Dinser Hütte und Klausenwald zurück zur Stubental Alpe. Leicht, insgesamt 3-4 Std. Höhenunterschied ca. 300 m.
- Auf den Sorgschrofen (1638 m). Über Langenschwand ausgeschildert in etwa 2 ½ Std. Im letzten Stück mittelschwer, Trittsicherheit erforderlich. Sehr schöne Aussicht. Lohnend.

ALPE
STUBENTAL
Engelbräu

1218
1541
Reuter-
wanne
Untere
Obere
Reuter
Wannen-A.
1457
Pfeifferberg
In der Bräme
Der kalte
Quelle
Stubentalalpe
(1284)
Ebenwiesbach
Gießenschwand
(1006)
Moorweiher
Höfle
beheizt
Jungholz
(1124)
1250
Terkleschwandalpe
(1058)
Köpfle
1084
Langenschwand
Höfen
Adler-
hanglift
Mühlbach
Rohrmoosbach
1112
Steinberglift
Bischlaglift
Sorgschrofenlift
Schwandlift
Zimmerholzbach
Vord.
Sorg-Alpe
1017
1250
1200
Steiner Berg
1274
Hint.
Sorg-A.

35. Schneetalalm

Allgemeines: An einem der schönsten Plätze des Tannheimer Tales gelegene urige Almhütte. Beliebtes Wanderziel und Ausgangsort für Berg- und Wandertouren. Hüttenabende mit eigener Hausmusik. Ruhige Lage, kein Fahrweg zur Hütte.

Lage der Hütte: Auf der Westseite des Reuttener Hahnenkammes oberhalb von Nesselwängle/Tannheimer Tal.

Höhe über Meer: 1650 m

Gastronomie: Gemütlicher Gastraum, sonnige Aussichtsterrasse. Deftige Brotzeiten, auf dem Holzofenherd zubereitete Gerichte. Typische Almspezialitäten und Köstlichkeiten. Getränke.

Übernachtung: Bis 25 Personen im Matratzenlager.

Öffnungszeiten: Je nach Schneelage von Mai bis Oktober.
Kein Ruhetag.

Kontaktadresse: Frau Karin Ried; HsNr. 100, A-6672 Nesselwängle, Tannheimer Tal;
Tel. 0043 676 - 9604 415; Fax: 0043 5675 - 8155;
E-Mail: info@schneetalalm.com;
Internet: www.schneetalalm.com

Weg zur Hütte: Von Nesselwängle über Wanderweg Nr. 416 zu Fuß in 1 ½ Std. Von der Bergstation der Reuttener Hahnenkammbahn über das Tiefjoch in 40 Min.

Wanderkarten: Zumstein Wanderkarte Nr. 7, „Tannheimer Tal" M 1 : 25 000; AVA Verlag Allgäu Kempten

Tourenmöglichkeiten ab Hütte:

- Zum Gimpelhaus über die Tannheimer Hütte mit Abstieg nach Nesselwängle, einfach/mittel, 2 ½ Std.
- Auf den Hahnenkamm (1938 m) ¾ Std. Einfach.
- Zur Otto-Mayr-Hütte über Nesselwängler Scharte 2 ½ Std. Mittelschwer.
- Bergtour auf die Köllenspitze (2246 m) über die Nesselwängler Scharte. 2 ½ Std. Schwer, wegen der Aussicht jedoch für Trittsichere sehr lohnend!
- Bergtour auf die Rote Flüh (2111 m). 2 ½ Std. Mittelschwer. Trittsicherheit erforderlich. Lohnende Aussicht ins Tannheimer Tal.
- Zum Alpenblumengarten am Hahnenkamm, Rundweg insgesamt ca. 3 Std. Einfach. Floristisch interessant.

elbe Scharte
Gimpel
Wanne
2173
Judenscharte
2108
415
Kelle
Kelleschrofen
2091
Gehrenjoch
2164
Gehren
ote Flüh
Nesselwängler Scharte
419
2238
1858
Köllen-spitze
Sabach-joch
1860
Tannheimer Hütte 1713
415a
420
Gimpelhaus 1659
Schneidsp.
2009
Bergzigeuner
Gallenbach
Tiefenbach
415
416a
418
Hochjoch 1754
Alpenrosenweg
1500
Gröbenbach
416
Kressebach
Lechaschauer Alm 1660
1817
Schneetalalm 1640
1250
Warpsbach
Tiefjoch 1717
417
Nesselwängle
Oberwies 1136
418
Alpenrosenweg
Hahnenkamm
1938
Alpenblumengarten
Berghotel R. Bergbahn 1738
Höfeneralmlift
Reutt. Hahne
Cillihütte 1600
Singerh. 1680
Nesselwängler Ache
Exelebach
Jochhaldenlift
Höfener Alpe 1670
Barfußweg
Alpkopflift
1755
Hornberg
426
Ilmabach
1250
1500
Warpsbach
Jattenwald
13
Gaichtspitze

36. Schwarzwasserhütte

Allgemeines: In herrlicher Bergumrahmung gelegene Hütte der AV Sektion Schwaben, Ausgangs-/Zielpunkt vieler Berg- und Wandertouren.

Lage der Hütte: Im hintersten Schwarzwassertal oberhalb der Alpe Melköde, Zufahrt bis Auenhütte.

Höhe über Meer: 1620 m

Gastronomie: Gemütliche Stube, Sonnenterrasse. Voll bewirtschaftet

Übernachtung: 41 Betten, 30 Lager, bei Selbstversorgung 12 Lager, (nur in der bewirtschafteten Zeit)

Öffnungszeiten: 1. Juni bis Anfang Oktober und 28. Dezember bis Mitte/Ende März

Kontaktadresse: Peter und Petra Zwischenbrugger,
Tel. Hütte: 0043 5517 - 30210,
Fax Hütte: 0043 5517 - 30230; Außerhalb der Bewirtschaftungszeiten Tel. Tal: 0043 5333 - 5582

Weg zur Hütte: Mit PKW von Riezlern zur Auenhütte (1238 m). Zu Fuß durchs Schwarzwassertal in 2 Stunden zur Hütte.

Wanderkarten: Zumstein Wanderkarte Nr. 5, „Kleinwalsertal" M 1 : 25 000, AVA Verlag Allgäu Kempten

Tourenmöglichkeiten ab Hütte:

- Über den Gerachsattel zum Diedamskopf, Unschwer, 2 ½ Std. Aussichtsreich.
- Auf den Hohen Ifen (2232 m). Alpine Bergtour! Über die Ifersguntalpe und „Eugen-Köhler-Weg". Nur für Geübte! 3 Std. Abstieg zur Auenhütte möglich. 2 Std.
- Zum Walmendinger Horn (1990 m) über Ochsenhofer Scharte (1850 m) und Obere Lüchle Alpe, mittelschwer, 2 ½ bis 3 Std. Gute Aussicht.
- Auf's Grünhorn (2039 m) über Ochsenhofer Scharte, mittelschwer, 2 Std. Lohnend wegen der Aussicht.
- Über Steinmandl (1982 m) und Althornbachalpe (1666 m) zum Starzeljoch (1867 m) und über die Ochsenhofer Scharte zurück zur Hütte. Alpine Tour, nur für Ausdauernde und Geübte, jedoch sehr schön! 5 - 6 Std.
- Auf den Hehlekopf (2058 m), unschwer, 2 Std.

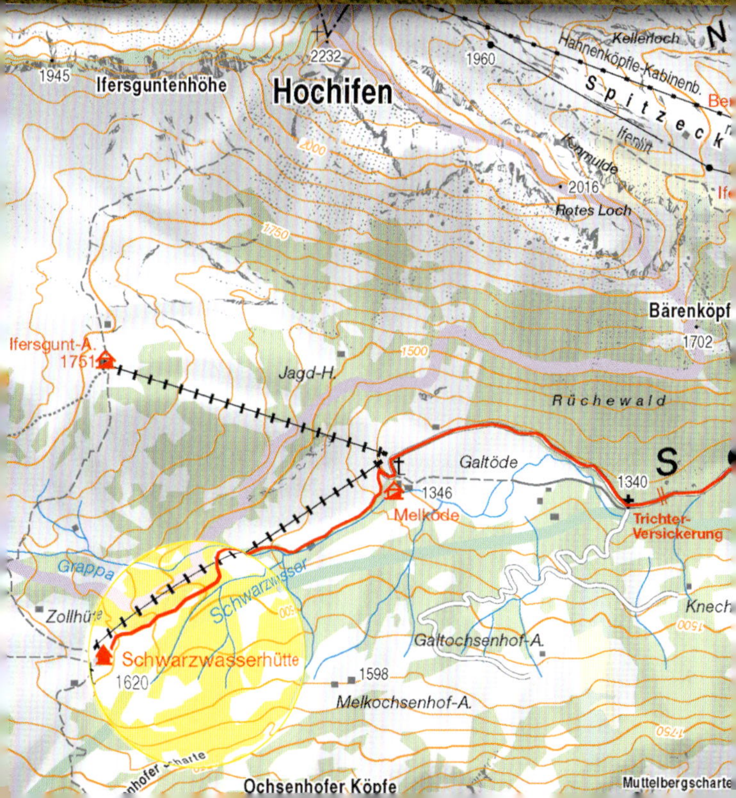

Kellerloch
Hahnenköpfle-Kabinenb.
Spitzeck
Ifenlift
Kuhmulde
2016
Rotes Loch
1960
2232
Hochifen
1945
Ifersguntenhöhe
2000
1750
Bärenköpf
1702
Ifersgunt-A.
1751
Jagd-H.
1500
Rüchewald
S
Galtöde
1340
Trichter-Versickerung
1346
Melköde
Grappa
Schwarzwasser
Zollhütte
Schwarzwasserhütte
1620
Galtochsenhof-A.
1598
Melkochsenhof-A.
Ochsenhofer Köpfe
Muttelbergscharte

37. Siedelalpe

Allgemeines: Gut zu erreichendes, beliebtes Ausflugsziel mit herrlicher Aussicht. Kinderspielplatz.

Lage der Hütte: Auf dem langen Nagelfluhrücken oberhalb des Alpsees westlich von Zaumberg bei Immenstadt.

Höhe über Meer: 1000 m

Gastronomie: Gemütliche Gaststube, hübsche Sonnenterrasse, zünftige Brotzeiten, z.B. Brotzeitplatte nach Hausmacherart, verschiedene Getränke, hausgemachter Kuchen

Übernachtung: Keine

Öffnungszeiten: Von Mai bis Oktober, (genauen Zeitpunkt wegen der Witterung tel. erfragen!) Kein Ruhetag. Mittwoch bis 17.00 Uhr geöffnet. Teilweise auch im Winter geöffnet, dann geräumter Winterwanderweg ab Parkplatz Schlettermoos oder Zaumberg.

Kontaktadresse: Karin und Alexander Freudig, Pfarrstraße 14, 87527 Altstädten; Tel. und Fax priv. 08321 - 618692 Telefon Siedelalpe: 08323 - 4365

Weg zur Hütte: Vom Parkplatz Schlettermoos (930 m) an der Straße Immenstadt-Missen über Wanderweg, teilweise durch Wald in 45 Minuten. Von Zaumberg beschilderter Wanderweg 1 Std.

Wanderkarten: Zumstein Wanderkarte Nr. 6, „Immenstadt“ M 1 : 30 000, AVA Verlag Allgäu Kempten

Tourenmöglichkeiten ab Hütte:

- Auf dem Oberallgäuer Rundwanderweg westlich zur Thaler Höhe (1166 m), Salmaser Höhe (1254 m) und Abstieg über die Köhleralpe nach Salmas (750 m) im Konstanzer Tal, B 308. Unschwer. 3 Std. Aussichtsreich!
- Nach Missen über die Pfarralpe (1100 m) und Alpweg 1 ¼ Std. Leicht.
- Über die Alpe Schönesreuthe zum Alpsee und an dessen Ufer entlang nach Bühl am Alpsee. Leicht, aussichtsreich, 1 ½ Std.
- Nach Zaumberg 50 Minuten.
- Nach Ratholz über die Alpe Hohenschwand u. Reuter. Leicht, 1 ½ Std.
- Mehrere Routen sind für Biker gut geeignet.

Hof
Knottenried
(1003)
Westenried
Hinterhaselbach-A.
Diensthütte
1000
972
Luitharz
(871)
stixner
Ober-
Schlettermoos
A
938
884
1024
900
Zaumberg
Hirsch
Siedel - A
Gschwend - A
Besler - A
834
851
Langholzer - A (verfallen)
Hochreutte
750
Schönesreuthe - A
Alpseewies
Strandbad
Alpsee
See
Bühl

38. Berghotel Sonnenklause

Allgemeines: Absolut ruhiges ***Superior Landgut-Hotel in bester Aussichtslage, das auch für Wanderer auftischt.Verwöhnwochen, Fastenwandern, Hallenbad (6x12m), Heusauna, Aromadampfbad. Geprüfter Qualitätsgastgeber „Wanderbares Deutschland"

Lage der Hütte: Mitten in der Allgäuer Berglandschaft, unterhalb des Sonnenkopfes, südöstlich von Sonthofen

Höhe über Meer: 1045 m

Gastronomie: Voll bewirtschaftet, mehrere Gasträume, Warme Küche von 11.30 bis 14.00 Uhr u. 17.30 bis 20 Uhr, nachmittags Kaffee, Kuchen, Eisbecher, Brotzeit

Übernachtung: Komfortzimmer mit Balkon oder Terrasse. Panoramazimmer.

Öffnungszeiten: Ganzjährig. Für Wanderer 10 bis 22 Uhr, Ruhetag Mittwoch (betrifft nicht Hotelgäste)

Kontaktadresse: Berghotel Sonnenklause,
Hinang 48, 87527 Sonthofen,
Tel. 08321 - 3614, Fax 08321 - 22705,
E-Mail: info@ sonnenklause.de;
Internet: www.sonnenklause.de
Geschäftsführerin: Frau Ingrid Friedl

Weg zur Hütte: Von der Kreisstraße OA 4 Sonthofen- Altstädten-Oberstdorf biegt östlich von Hinang (bei Straßenüberführung) die Straße zur Sonnenklause ab (Beschilderung) Auch einige Wanderwege führen von verschiedenen Seiten zur Sonnenklause.

Wanderkarten: Zumstein Wanderkarte Nr. 6 s „Sonthofen"
M 1 : 30 000, AVA Verlag Allgäu Kempten

Tourenmöglichkeiten ab Berghotel:

- Über Hochweiler zum Hinanger Wasserfall 1 Std. Leichte Wanderung.
- Auf den Gipfel des Sonnenkopfes (1712 m). Hin über die Alpe Schöllanger Hof, zurück über Diana Jagdhütte, Rundweg 3 ½ bis 4 Std. Leicht/mittelschwer, sehr lohnend wegen der Aussicht.
- Zum Altstädter Hof - Gernkopf (1566 m) - und über Diana Jagdhütte zurück. 3 Std. Leicht.
- Zur Gaisalpe (Einkehrmöglichkeit) mit Abstieg durch den Gaisbachtobel nach Reichenbach.2 ½ bis 3 Std. Leicht.

Hubertusfall
Leybach-
tobel
986
Rundberg
Sonthofener Hof
1180
Am Hägle
Kahlenberg
1017
Leybach
Hochweiler
919
Hölltobel
Leybachtobel
934
Beilenb
Hof
1248
Wasserfall
Altstädter Hof
1280
1045
Sonnenklause
Hinang
823
OA 4
Hinanger Bach
Hombuch
Hinanger Hof
879
774
OA
Im Riedle
1031
1209
Eybach
Diana-
Jagd-H
1542
Eybachsteg
761
Schöllang
855
Schöllanger Hof

39. Untere Wiesalpe

Allgemeines: In hübscher Lage des großen Wandergebietes Wildental/ Kleinwalsertal gelegene urige Alphütte aus dem 14. Jahrhundert, Stubentür besonders sehenswert.

Lage der Hütte: Am Beginn des Wildentales östlich von Bödmen, prachtvoller Blick auf Schafalpengruppe, Elfer und Zwölfer.

Höhe über Meer: 1290 m

Gastronomie: Terrasse vor der Hütte. Zünftige Brotzeit aus eigener Hausschlachtung. Getränke, Kaffee und hausgemachter Kuchen.

Übernachtung: Keine. Für Notfälle hat die Hütte aber Schutzhüttencharakter.

Öffnungszeiten: Anfang Juni bis Ende September, Mittwoch Ruhetag.

Kontaktadresse: Christiane Köll, Zur Egge 5, 87569 Mittelberg, Telefon und Fax 0043 5517 - 6869, Mobil 0043 650 - 3069668

Weg zur Hütte: Von Bödmen ins Wildental bis Gasthaus Schwendle. Weiter zu Fuß in 40 Min.

Wanderkarten: Zumstein Wanderkarte Nr. 5 „Kleinwalsertal" M 1 : 25 000, AVA Verlag Allgäu Kempten

Tourenmöglichkeiten ab Hütte:

- Nach Hirschegg über Innere Wiesalpe, Wäldele und Innernebenwasser. 1 ¼ Std.
- Zur Fiderepaß Hütte (2065 m) über die Fluchtalpe 1 ½ bis 2 Std. Anstieg etwas anstrengend.
- Zur Mindelheimer Hütte (2013 m) ebenfalls über die Fluchtalpe (1390 m), mittelschwer, Anstieg etwas anstrengend, 2 ½ Std. Hochalpines Gelände.
- Über die Innerkuhgehrenalpe (1673 m) zur Bergstation der Kanzelwandbahn (1949 m), unschwer, 2 ½ Std. Talfahrt mit der Bahn nach Riezlern.
- Nach Riezlern über Wäldele, Innernebenwasser und Zwerwald. Unschwer. 2 ½ bis 3 Std.
- Zur Hammerspitze (A) 2170 m, über Innerkuhgehren und Wannealpe, mittelschwer, 2 ½ Std.

Heubergmulde
(auch Sommer-betrieb)
Rohrweg
Schlößle
Schlößlelift
Walserhaus
Kriegerdenkmalkapelle
Außernebenwasser
Säß
1296
Dürenboden
Schwaben H.
Pfisertobel
Haldestr.
Tobelweg
Rohrweg-Kapelle
Rohr
Von-Renzc-Weg
Tobel
Haldeweg
Halde
Innernebenwasser
Kuhgehren
1910
Obere Zwere
1306
Brand-A.
Außerkuhgehren
Ahornlift
Ahorn
Höfle
Walserstr.
Höfleweg
Wildentallift
Hamme
Innerkuhgehren-A.
1673
Mittelberg
1215
Lourdes-Kapelle
Schwendle-lift
Wildenbach
Wäldele
Breitach
Bergheim Moser
Äußere Wies-A.
Innere Wies-A.
1298
Schwendle
Schwendlebrücke
Außerbödmen
Untere Wies-A.
1290
Wildentobel
1609
Flucht-A.
1390

40. Usseralpe Jausenstation

Allgemeines:	In herrlicher Wander- und Aussichtslage liegende Sennalm mit uriger Hütte. Zu Fuß von Tannheim-Schmieden oder ab Bergstation Neunerköpfle leicht erreichbar. Kinderspielplatz, hautnahe Tier- und Naturwelt. Almabtrieb jährlich am 21.9.
Lage der Hütte:	Südwestlich unterhalb des Neunerköpfles bei Tannheim, Tannheimer Tal, Tirol.
Höhe über Meer:	1665 m
Gastronomie:	Gemütliche Gaststuben, schöne Sonnenterrasse. 65 Sitzplätze in den Stuben. Zünftige Brotzeiten mit selbst hergestelltem Käse, Butter, Joghurt, Buttermilch oder Speck. Kaffee und hausgemachte Kuchen. Neue Schaukäserei.
Übernachtung:	Keine.
Öffnungszeiten:	Mitte Mai bis Ende Oktober, je nach Witterung. Kein Ruhetag.
Kontaktadresse:	Sandro und Sabine Grad, Usseralpe, Unterhöfen 24, A-6675 Tannheim; Tel. 0043 676 - 5427-820; Fax 0043 - 676 5129-190; E-Mail: sabine.mueller1@utanet.at; Internet: www.tannheimertal.at/usseralpe
Weg zur Hütte:	Auf der Forststraße ab Tannheim-Schmieden zu Fuß oder mit MTB, Gehzeit 1 ½ Std. Ab Bergstation Neunerköpfle Gondelbahn zu Fuß in 20 Min.
Wanderkarten:	Zumstein Wanderkarte Nr. 7, „Tannheimer Tal" M 1 : 25 000; AVA Verlag Allgäu Kempten

Tourenmöglichkeiten ab Hütte:

- Rundwanderung: Von der Usseralpe auf bez. Weg zur Oberen Strindenalpe (1650 m), Abstieg ins Strindenbachtal und weiter abwärts nach Haldensee, den Ort südlich umgehend auf Wanderweg zurück nach Tannheim. 2 ½ bis 3 Std. Leicht.
- Zur Landsberger Hütte (1810 m): Über die Obere Strindenalpe zur Strindenscharte und weiter, Sulz- und Schochenspitze südlich umgehend, (beide Berge unschwer zu besteigen) zur Landsberger Hütte. Bewirtschaftet. Abstieg zum Vilsalpsee und Rückkehr nach Tannheim. Tagestour. Mittelschwer.
- Auf das Neunerköpfle (1862 m), leicht, 50 Min. Abstieg oder Abfahrt mit der Gondelbahn nach Tannheim.

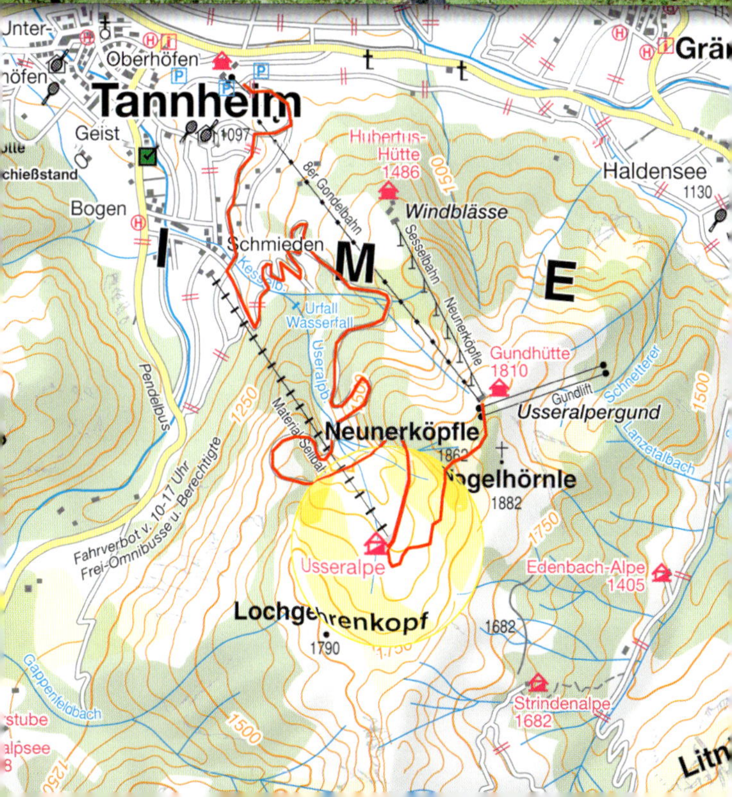

Oberhöfen
Tannheim
1097
Geist
Bogen
Schmieden
Hubertus-Hütte
1486
Windblässe
8er Gondelbahn
Sesselbahn
Neunerköpfle
Haldensee
1130
Kessel-
Urfall
Wasserfall
Useralpb.
Gundhütte
1810
Gundlift
Usseralpergund
Schnetterer
Lanzetalbach
Pendelbus
Material-Seilbahn
Neunerköpfle
1862
Vogelhörnle
1882
Fahrverbot v. 10-17 Uhr
Frei-Omnibusse u. Berechtigte
Usseralpe
Edenbach-Alpe
1405
Lochgehrenkopf
1790
1682
Gappenfeldbach
Strindenalpe
1682
1250
1500
1750

41. Alpe Wenger-Egg

Allgemeines: Schön gelegene Jungviehalpe der einheimischen Wald- und Weidegenossenschaft im beliebten Wandergebiet Wengen/Weitnau, Mautstraße ab Wengen bis Hütte (3 €).

Lage der Hütte: Am Schwarzen Grat nordwestlich von Wengen, Gemeinde Weitnau.

Höhe über Meer: 1050 m

Gastronomie: Gemütliche Gaststube und hübsche Sonnenterrasse. Zünftige Brotzeiten, Bergkäse- und Wurstbrot, Frischmilch, sonstige Getränke.

Übernachtung: Keine.

Öffnungszeiten: Mitte Mai bis Ende September ohne Ruhetag.

Kontaktadresse: Sieglinde Möslang, Alpe-Egg-Weg 4, 87480 Wengen, Tel. 08375 - 610 (Tal), 07569 - 1304 (Alpe)

Weg zur Hütte: In Dorfmitte Wengen ausgeschilderte Mautstraße zur Alpe. Parkplatz in Nähe der Pfarrkirche. Zu Fuß auch über die Wassertretanlage (gute Beschilderung) in 1 Std.

Wanderkarten: Wanderkarte Weitnau & Wengen, M 1 : 25 000, AVA Verlag Allgäu Kempten

Tourenmöglichkeiten ab Hütte:

- Zum Aussichtsturm (1118 m) am Schwarzen Grat (40 Min.) Herausragende Aussicht! Leichte Wanderung. Sehr lohnend!
- Auf das benachbarte Raggenhorn (1086 m), leicht, 15 Minuten. Aussichtsreich.
- Über den Höhenweg zum Eschacher Weiher (1000 m), leicht, aussichtsreich, 1 ½ Std.
- Über Mautstraße bis Wegabzweigung Günzenhalde, dann über den Steinebach, später durch das Waldgebiet Schwandele nach Steinebach und zurück nach Wengen. Angenehme Tour, 1 ½ Std.

Jagdhütte
Aussichtsturm
1118
Rotebach
Stempelstelle
Oberallgäuer
Rundwanderweg
Wenger Egg-Alpe
1065
Mautstraße
Raggenhof
Wassertretanlage
Winterwanderweg
Oberweihbach
818
Riedacker
Wengen
(798)
Langenberg
Wengener
Winterwanderweg
Roßsteig
Biesenbach
Hungerbach
Altach
Buigen

42. Wurzelhütte

Allgemeines: In bester Aussichtslage über Ofterschwang gelegene neue, gemütliche Hütte, gut geeignet für Familienfeiern und andere Feste. Zünftige Hüttenabende. Für Kinder einige Kleintiere.

Lage der Hütte: Nähe Talstation der Ofterschwanger Sesselbahn.

Höhe über Meer: 932 m

Gastronomie: Sehr hübsche rustikale Gaststube, große südseitige Sonnenterrasse. Voll bewirtschaftet. Allgäuer Schmankerl, frische Forellen, hausgemachte Kuchen. Zünftige Brotzeiten.

Übernachtung: Keine.

Öffnungszeiten: Ganzjährig täglich ab 9 Uhr geöffnet. Geschlossen ab Anfang November bis Mitte Dezember und im April. (je nach Skisaison) Im Sommer Montag Ruhetag.

Kontaktadresse: Peter Schmid, Dorfstraße 5, 87527 Ofterschwang. Tel. 08321 - 724438, Fax 08321 - 721851; E-Mail: schmid@pension-hoernerblick.de Internet: www.pension-hoernerblick.de

Weg zur Hütte: Von der Talstation der Gondelbahn führt ein für öffentlichen Verkehr gesperrter Fahrweg zur Hütte, Fußmarsch 10 Min. Eigener Fußweg nördlich davon, 9 Min.

Wanderkarten: Zumstein Wanderkarte Nr. 6 s, „Sonthofen“ M 1 : 30 000, AVA Verlag Allgäu Kempten

Tourenmöglichkeiten ab Hütte:

- Auffahrt mit der Ofterschwanger Horn Bahn und Aufstieg zum Ofterschwanger Horn (1406 m) leicht, aussichtsreicher Gipfel. Fußmarsch ½ Std.
- Aufstieg zum Panorama-Weg, weiter über Alpe Fahnengehren zur Kahlrücken Alpe und Rückkehr. Unschwer. 2 Std.
- Von der Wurzelhütte über Höhenweg nach Bolsterlang, einfach, 2 Std.
- Die Hörnertour: Aufstieg zum Ofterschwanger Horn, weiter über Sigiswanger-, Rangiswanger Horn, Weiherkopf zur Hörnerbahn. Unschwer, 4 Std. Talfahrt mit Hörnerbahn, Rückkehr mit Bus nach Ofterschwang.
- Wanderung nach Schweineberg (Sennerei, sehr guter Bergkäse). 45 Min.

Allgäuer
Berghof
1206
Hellmann-H.
Bettenried
Haslachbach
Eck-A.
Wieshölz-Tobel
1223
OA 5
Reichenlift
Alpe Eck-Lift
Oberegg-A.
Sonnenhütten
Ettensbach
1215
Ossi-
Wurzelhütte
Festplatz
Gipfellift
Ofterschwanger 4er Sesselbahn (ganzj.)
Ofterschwang
1325
864 «Skiweltcup-Ort»
Ofterschwanger
Horn
Buchenschwand-A.
Wielenberg
Horn-A.
1406
Rießbach
924
Fahnengehren-A.
Muderpolz
Gaißkopfbach
Reithalle
Hornbach
1210
Sigis-
Golfplatz
18 Loch
1078
Schwinggund-A.
1527
wang
Kahlrücken-A.
1407
Mühlbach
Sigiswanger
Horn-A.
1065
Dietrichs
Mosel A.
Seichebach
Hageberg
Schönblick

43. Berghotel Zugspitzblick

Allgemeines: Beliebtes und lohnendes Ziel auf dem „Balkon des Tannheimer Tales“. Familiäre Atmosphäre, herausragende Aussicht. Mountainbike-Routen, Radweg. Wildbeobachtung, geführte Wanderungen, Unterhaltungsabende.

Lage der Hütte: Oberhalb von Zöblen, Tannheimer Tal, Tirol

Höhe über Meer: 1300 m

Gastronomie: Berggasthof mit rustikalen Gasträumen und sonniger Aussichtsterrasse. Voll bewirtschaftet mit F, HP, VP. Regionale und österreichische Spezialitäten, Diätküche, Vegetarische-, Vollwert-, Wellnessküche. Hofeigene Produkte.

Übernachtung: 4 Komfortzimmer mit Balkon, Zugspitzblick.

Öffnungszeiten: Ende April - Mitte November; von August bis Oktober ohne Ruhetag

Kontaktadresse: Familie Ingrid und Bruno Burkert, Obere Halde 42a, A-6677 Zöblen, Tirol; Tel. 0043 5675 - 67690; Fax 0043 5675 - 676920; E-Mail: post@zugspitzblick-tirol.com; Internet: www.zugspitzblick-tirol.at

Weg zur Hütte: Am westlichen Ortsrand von Zöblen führt eine Straße (ausgeschildert) nördlich aufwärts. Auch von Tannheim-Berg zu Fuß zu erreichen.

Wanderkarten: Zumstein Wanderkarte Nr. 7, „Tannheimer Tal“ M 1 : 25 000; AVA Verlag Allgäu Kempten

Tourenmöglichkeiten ab Hütte:

- Über den Pirschling auf den Schönkahler (1689 m), schöne Aussicht ins Ostallgäu, Vilstal, Allgäuer Alpen. Leicht, 2 Std.
- Zum Einstein (1867 m), besonders schöne Aussicht über das Tannheimer Tal und in die Hochalpen, mittelschwer, 2 ½ Std. Lohnend!
- Über den Forstweg zum Gebiet Berger Berg mit Abstieg nach Berg und Rückkehr über den „Rundwanderweg Tannheimer Tal“ nach Zöblen. Leicht, 3-4 Std.
- Auf dem Forstweg über den Frickler Berg und den Wiesler Berg nach Wies/Schattwald mit Rückkehr nach Zöblen; Leicht, 2 ½ Std.

BERGHOTEL
ZUGSPITZBLICK

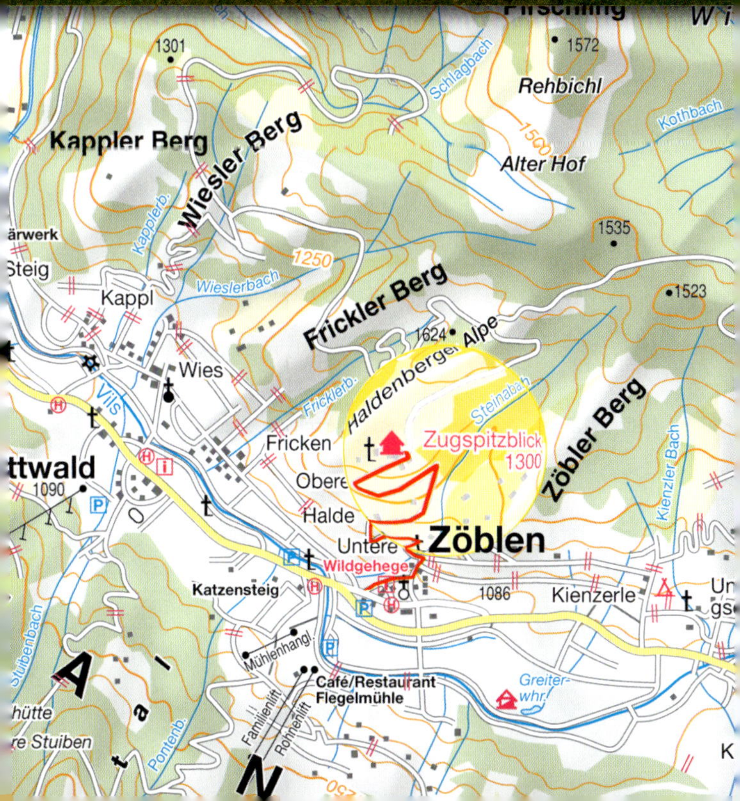

1301
1572
Rehbichl
Schlagbach
Kothbach
Kappler Berg
Wiesler Berg
1500
Alter Hof
Kapplerb.
1535
Steig
1250
Kappl
Wieslerbach
Frickler Berg
1523
1624
Alpe
Haldenberger
Wies
Vils
Fricklerb.
Steinabach
Zöbler Berg
Fricken
Zugspitzblick
1300
1090
Obere
Kienzler Bach
Halde
Zöblen
Untere
Wildgehege
Katzensteig
1086
Kienzerle
Mühlenhangl.
Café/Restaurant
Flegelmühle
Greiter-
whr.
Stuibenbach
Familienlift
Rohnenlift
Pontenb.

Hüttenstempel

Hüttenstempel

Wandernotizen